普通高等职业教育规划教材
21世纪卓越汽车应用型人才培养专用教材

汽车底盘控制系统故障诊断与维修

组　编　中锐教育研究院
主　编　吴建刚　王建邦

同濟大學出版社
TONGJI UNIVERSITY PRESS

内 容 提 要

本书根据德国工商大会(IHK)教学模式和教学标准，结合中国汽车企业人才需求标准，将引进的德国汽车技术服务类课程经过本地化改编而成。内容组织上以工作过程系统化为导向，以学习情境为教学单元，将工作过程系统地映射到教学过程中。通过完成学习情境中设定的任务和项目，采用知识链接、制定方案、实施方案、检查评估等教学环节达到培养学生专业能力、个人能力、社会能力的教学目标。

本书是中锐华汽教育推出的汽车技术服务类课程系列教材的第 13 个学习领域“汽车底盘控制系统故障诊断与维修”。全书共分为 6 个学习情境，包括 9 个任务，19 个项目，共 80 课时。内容包括：防抱死制动系统诊断与维修，车身电子稳定系统诊断与维修，电子驻车制动系统诊断与维修，轮胎压力监测系统诊断与维修，电子控制转向系统诊断与维修，空气悬架系统诊断与维修等。

本书适用于高等职业院校汽车技术服务类专业学生课堂使用，随本书配套有相应的电子版教学资源文件包供广大师生教学和学习使用。

图书在版编目(CIP)数据

汽车底盘控制系统故障诊断与维修/吴建刚，王建邦主编. --上海：同济大学出版社，2014.8 (2018.8 重印)

ISBN 978-7-5608-5518-9

Ⅰ.①汽… Ⅱ.①吴…②王… Ⅲ.①汽车-底盘-电气控制系统-故障诊断-高等职业教育-教材②汽车-底盘-电气控制系统-车辆修理-高等职业教育-教材 Ⅳ.①U472.41

中国版本图书馆 CIP 数据核字(2014)第 116456 号

普 通 高 等 职 业 教 育 规 划 教 材

21 世纪卓越汽车应用型人才培养专用教材

汽车底盘控制系统故障诊断与维修

组 编 中锐教育研究院 **主 编** 吴建刚 王建邦

责任编辑 陈佳蔚 **责任校对** 徐春莲 **封面设计** 王 璐 **项目执行** 陈佳蔚 朱 莉

出版发行 同济大学出版社 www.tongjipress.com.cn

(地址：上海市四平路 1239 号 邮编：200092 电话：021-65985622)

经 销 全国各地新华书店

印 刷 常熟市大宏印刷有限公司

开 本 889mm×1194mm 1/16

印 张 11.25

印 数 4501-5500

字 数 360000

版 次 2014 年 8 月第 1 版 2018 年 8 月第 4 次印刷

书 号 ISBN 978-7-5608-5518-9

定 价 34.00 元

普通高等职业教育规划教材
21世纪卓越汽车应用型人才培养专用教材

编审委员会

序(一)

职业教育与普通教育的显著差别，在于职业教育是一种跨界的教育。职业教育所具有的这一跨界特征，集中表现在如下三个方面：

其一，校企合作的办学模式，跨越了传统的只有学校一个学习地点的围城，由此，职业教育既要关注学校教育的规律，还要关注企业教育的规律；

其二，工学结合的人才培养，跨越了传统的只有课堂一种学习方式的视域，由此，职业教育既要关注基于认知的学习方式，又要关注基于工作的学习方式；

其三，职业教育的培养目标，跨越了传统的只有教育一种社会功能的范畴，由此，职业教育既要关注教书育人张扬个性的教育目标，又要关注服务经济社会发展的目标。

纵观世界，凡是职业教育比较发达的国家，例如，德国、瑞士的"双元制"职业教育、澳大利亚的"技术与继续教育"等，正是由于其遵循了这一跨界的基本规律，都为各自国家经济、社会的发展，提供了大批高质量、高素质的技能人才，使得职业教育成为国家核心竞争力的要素。

任何类型的教育，课程始终是人才培养的核心。跨界的职业教育，其课程也必然要遵循跨界的基本规律。20世纪末，德国"双元制"职业教育对课程进行了全方位的改革，提出了被称为"学习领域"的课程方案。这是在对传统的、基于知识存储的学科系统指向的课程的革命性突破的基础之上，所提出的一种现代的、基于知识应用的工作过程导向的课程。

德国职业教育发展的这一宝贵经验，为中国职业教育的改革提供了学习和借鉴的参照。伴随着中国改革开放30多年的进程，中国职业教育如何才能为国家现代化建设培养大批既能满足经济发展需要，又能满足个性发展需要的高素质技能人才呢？为此，我国职业教育战线的有识之士，紧密结合国情，对此进行了卓有成效的探索。近十多年来，随着德国基于工作过程的学习领域课程的引入，也引发了我们对职业教育课程本质的思考：要实现企业需求与个性发展的集成，进而实现职业性与教育性的结合，一方面要求课程改革必须从知识的存储为主转向知识的应用为主；另一方面，还要求学习国外的经验必须从简单照搬转向借鉴创新。近年来，在课程改革的过程中，我们通过融入中国哲学思想的本土化尝试，在德国工作过程导向的课程方案的基础上，提出了工作过程系统化的课程方案，从而在理论创新和实践探索方面，都取得了较大的成效。

所谓工作过程系统化课程，其本质在于：第一，课程体系的构建必须遵循职业成长的规律和认知学习的规律，要把功利性的需求与人本性的发展结合起来；课程体系中的每一门课程，都是一个经过教育学的"模式化处理"的、源于实践而高于实践的完整的工作过程，课程名称采用动宾结构的词组而非纯名词的词组，以突显职业教育的特征；第二，每门课程的设计必须由三个以上的学习情境构成，旨在通过基于同一范畴的三个以上工作过程的比较学习，使学生通过"比较—迁移—内化"

的学习过程，获得思维方式的训练，以获得可持续发展的能力。在这里，学习情境的设计还要遵循两个重要原则：一是学习情境的设计必须具备典型的工作过程特征，即要突显不同职业的工作对象、内容、手段、组织、产品和环境等六个要素的特征，这是对已经存在的、与职业相关的具体工作过程的映射与把握，旨在使学生获得从业的职业能力；二是学习情境的设计还必须实现完整的思维过程训练，即要完成逐步增强的所谓资讯、决策、计划、实施、检查、评价的“六阶段”训练，这是对指导一切具体工作过程的“工作过程”——思维工作过程的概括与抽象，以应对未知的职业具体工作过程，旨在使学生获得致力于自身发展的方法论能力。

令人欣慰的是，近年来，工作过程系统化课程已逐渐为广大职业院校所认同。职业教育的课程，已逐渐摆脱传统的学科结构系统化课程的束缚，向着更加符合职业教育规律的工作过程系统化课程的改革方向前行。而更加令人高兴的是，除了教育部门的职业院校和经济部门的行业企业，在职业教育受到越来越多的社会各界重视和关注的同时，国内的一些教育集团或公司，更是对职业教育注入了极大的热情，并身体力行，在职业教育的课程开发和教学软件等方面，做出了很大贡献。

其中，致力于职业教育投资、管理和服务的中锐集团公司，就是众多成绩和效果都比较突出的公司中的一个。中锐集团公司顺应市场需求，以汽车职业教育为龙头，与国内40多所高校共建汽车职业教育汽车学院与实训基地，并结合国内汽车企业相关岗位的用人标准及国内高职院校的实际情况，在参照德国“工作过导向”的学习领域课程方案的基础上，根据我国自行开发的工作过程系统化课程的理论创新和设计思路，编写了一套相关教材。

例如，“汽车检测与维修专业”，首先，在课程体系的开发方面，设置了17个学习领域。这17个学习领域课程被分为三个学习阶段：第一阶段以学习汽车维护保养和机械结构检修为主，第二阶段以学习汽车电控系统检修为主，第三阶段以学习汽车综合故障诊断和整车性能检测为主。这样的递进安排遵循了由浅入深、由简单到复杂、由经验到策略的技能成长规律；其次，在每门课程的开发方面，又为每一学习领域设置了三个以上的学习情境，每一学习情境又都是一个完整的工作过程，遵循比较—迁移—内化的学习规律。

在逻辑上，这些学习情境之间具有平行、递进和包容等关系。比如，“汽油发动机管理系统故障诊断与维修”学习领域，设置了“空气供给系统检修”、“燃油供给系统检修”、“点火系统检修”、“排放系统检修”、“综合故障检修”等5个学习情境，前4个学习情境之间为并列关系，第5个情境与前4个情境为包容关系。每一学习情境的内部结构，也是按照完整的工作过程序化的，如在“空气供给系统检修”这个学习情境中，根据故障检修的实际工作顺序，又分为“空气流量计的检修”、“进气压力传感器的检修”、“节气门体的检修”三个阶段性的任务。

由于课程设计始终遵循“操作步骤重复而内容不重复”的工作过程系统化原则，通过对5个学习情境所体现的检修工作过程的比较，不仅能使学生把握“空气供给系统检修”的具体工作过程，而且能逐渐把握“资讯、决策、计划、实施、检查、评价”的思维工作过程。其中，在“资讯”环节给出汽修行业操作规范的共性的操作步骤；在“计划”和“实施”环节，要求学生结合在教学中使用的多种不同实训车型，制定出差异化的工作计划并实施；然后通过对不同实训车型的重复多次的操作，不仅可使学生达到职业要求的熟练操作程度，而且又通过对不同实训车型制定不同实施方案的比较学习，有利于培养学生应对同一工作过程中出现的不同情况而采用不同处理方法的能力，最终实现由经验型技能向策略型技能的跃迁。

中锐教育集团在研发这套教材的同时，还开发出了配套的教学设备和教学软件，实现了课程教材、教学设备、教学软件三个教学元素的一体化。这就使得职业教育的课程开发、教学实施，获得了相关教学资源的支撑。

总之，这套教材不仅引入了德国的"双元制"职业教育理念，而且结合了中国汽车行业对人才的需求和岗位要求，体现和反映了中国汽车行业的一些特点。

真诚希望中锐教育集团公司这套教材的出版，能对我国汽车职业教育的教学改革和创新有所裨益，也期待有更多的教育公司等社会机构，参加和参与职业教育。

同样，祈望各位读者朋友们，也能对这套教材提出宝贵的意见和建议。

升级版的中国经济发展，呼唤着升级版的职业教育，让我们为之奋斗吧！

（教育部职业技术教育中心研究所研究员）

2013 年 7 月 20 日

Vorwort

Gerne komme ich der herzlichen Einladung der Chiway Education Group Shanghai nach, dieses Vorwort zu verfassen.

Bereit seit Jahren verfolge ich äußerst interessiert die Entwicklung der Chiway Education Group Shanghai im Bereich der beruflichen Bildung. Dabei beindruckt mich insbesondere ein derzeit laufendes, innovatives Berufsbildungsmodell, das sich durch die Kooperation zwischen Industrie und Schule auszeichnet.

Der Austausch und die Kooperation zwischen China und Deutschland im Bereich der beruflichen Bildung entwickelnin einer sehr positiven Art in schnellen Schritten immer weiter. Die AHK widmet sich dabei intensiv dem Transfer dualer Prinzipien des bewährten deutschen Systems der dualen Berufsausbildung nach China.

Nach mehrjährigen Erfahrungen bei der Übertragung und Durchführen wurde immer klarer, dass wir in China andere Voraussetzungen als in Deutschland vorfinden. Daher kann und darf das deutsche System der dualen Berufsausbildung nicht einfach kopiert werden.

Jedoch hat die Idee der dualen Berufsausbildung in China bereits fruchtbaren Boden gefunden um sich weiter zu entwickeln und alle beteiligten Parteien wie berufliche Schulen, Berufsbildungsgruppen und Unternehmenkönnen davon profitieren.

Chiway, als eine markführende Berufsbildungsgruppe hat bereits viele interessante Erfahrungen mit dem Berufsbildungsmodell gesammelt und konnte dadurch große Erfolge erzielen. Bildungsaktivitäten wie Curriculum Entwicklung, Unterricht, Zusammenstellung der Lehrbücher, Einführen der praktischen bzw. Betrieblichen Ausbildung seien hier beispielhaft angeführt.

Durch den Aufbau einer strategischen Kooperationspartnerschaft mit der AHK stärkt Chiway zugleich die Kooperation und den Austausch mit Deutschland im Bereich der beruflichen Bildung.

In Deutschland benutzt man eine Vielzahl von Lernmaterialien, unter anderem sollen die Schüler Arbeitsaufträge erledigen und Arbeitsblätter bearbeiten. Bereits in die Unterrichtsvorbereitung muss der Lehrer viel Arbeit und pädagogisches Geschick legen. Im Unterricht werden die Schüler arbeitsprozessorientiert herangeführt, Arbeitsblätter zu bearbeiten, Arbeitsaufträge zu erledigen, und Projekte selbstständig durchzuführen. Hierdurch stehen die Schüler im Unterricht im Mittelpunkt und werden zum aktiven Lernen motiviert.

Die Situationen in Deutschland sind anders als in China, auch der Markt in Deutschland ist anders, d. h. der Markt in Deutschland dafür reifer als in China. Die deutschen Arbeitsaufträge oder Arbeitsblätter einfach unverändert in chinesische Lehrbücher zu übernehmen kann sicherlich nicht erfolgreich sein. Daher hat Chiway die deutschen Ideen zur dualen Berufsbildung, die vom Ausbildungsumfeld und den betrieblichen Bedürfnissen ausgehen aufgegriffen und innovativ auf die chinesischen Verhältnisse angepasst.

Die praxisorientierte Durchführung der Berufsausbildung durch Chiway bringt uns viele wertvolle Erfahrungen beim Transfer der deutschen Berufsbildung nach China. Die innovative Entwicklung der chinesischen Berufsbildung wird davon profitieren und sich auszahlen.

Ich wünsche Chiway weiterhin viel Erfolg im Bereich der beruflichen Bildung.

Britta Buschfeld
2013. 7

序(二)

应上海中锐教育集团盛情之邀，为这套教材作序。实际上近些年个人一直在关注中锐的职业教育工作，吸引我的是其正在实践和创新的产教合作职教模式。

中德之间在职业教育领域的交流和合作一直在蓬勃进行当中，德国工商会也一直致力于把德国的职业教育体系双元制原则引入到中国。经过不断的尝试和实践，我们发现，中国与德国国情不同，无法照搬照抄德国双元制职业教育体系，但双元制的职业教育理念在中国获得了丰富的土壤，职业院校、职教集团、用人企业都获益匪浅。中锐作为一家领先的职业教育集团，在职业教育模式上做了很多有趣的尝试并获得了很大的成果，其中就包括在课程开发、教学、教材编写、学生实习实训等教育活动中引入德国的双元制职业教育理念。同时，中锐也通过与德国工商大会上海代表处建立战略合作关系加强了与德国职业教育领域的合作和交流。

实际上，原汁原味的德国职教模式在教学中使用多种素材，其中包括项目单或工作页，教师在课下做足功夫，课堂上按照项目教学法及面向工作过程教学法引导学生完成项目单或工作页内容的填写，充分发挥学生在教学中的主体作用，调动学生学习的主动性和积极性。中国与德国国情不同，汽车市场的发育成熟度也不一样，在教材内容的选择上，简单照搬德国项目单或工作页上的内容显然是行不通的。对此，中锐在引进和吸收德国职业教育的思想和理念基础上，根据教学环境、企业需求等实际情况进行了本土化的创新。

中锐的职教实践为我们总结出了很多值得借鉴的德国职教模式中国本土化的宝贵经验。中国职业教育的创新发展必能从中获益。

祝愿中锐教育集团在职业教育领域再创辉煌！

Britta Buschfeld
（德国工商大会职业培训与教育总监）
2013年7月

前　　言

面对汽车新电器、新能源及诊断维修技术三方面的迅速发展，特别是高档轿车在我国的快速增加，广大汽车技术人员迫切希望了解最新汽车技术，掌握新型汽车底盘电器结构、原理、检修以及常见故障的排除方法。

本领域是中锐华汽教育推出的汽车技术服务类课程17个学习领域中的第13个学习领域，分为6个学习情境，包括9个任务，19个项目，共80课时，其中理论40课时，实训40课时。内容包括：防抱死制动系统诊断与维修，车身电子稳定系统诊断与维修，电子驻车制动系统诊断与维修，轮胎压力监测系统诊断与维修，电子控制转向系统诊断与维修，空气悬架系统诊断与维修等。通过本领域的学习能够为后续的“汽车整车拆装与综合调试”、“汽车性能检测”和“汽车综合故障诊断与维修”等领域的学习打下坚实的基础。

本领域主要以汽车市场较为常见的乘用车为例，围绕着汽车底盘电控系统展开，底盘电控中的自动变速器目前是作为单独课程教学，本书主要由以电子技术在底盘电控系统的中应用为主线，熟悉各个系统组成、零部件名称、安装位置和检测维修要点等，并对汽车电控底盘系统有初步的介绍。

考虑到各院校及个人所使用的实训车辆不同，教材中每个项目都预留了项目实施方案，引导学习者使用实训车辆的维修手册，将所查到的数据及个人经验记录在本教材项目单中。可以培养学习者在工作中进行查阅、记录的良好习惯。

本领域所使用的实施车辆为目前市场常见的德系、日系车型，其底盘电控系统的电子应用技术具有很强的代表性。所涉及的专用工具也尽量以在市场上普及为原则，从而能够满足众多汽车高职院校的需求。

本领域通过情境导入、知识链接、制定方案、实施、检查与评估、课后作业等环节完成教学内容。其中，知识链接为后续的制定方案、实施、评估等环节的开展奠定理论基础，做好相应知识储备；制定方案是根据知识链接中的理论指导，对需要完成的项目进行整体规划和安排，并给学生布置相应的任务；实施环节则是整个教学过程的核心，是让学生根据制定的方案一步步完成实际操作，并记录操作过程和操作结果；检查与评估等环节是在整个任务完成后，先由学生对自己所完成的实施过程和结果进行自我检查，以发现和认识实施过程中的不足和漏洞，然后由教师对学生的实施情况进行综合评估；最后通过课后作业的形式，让学生对课堂上所制定并实施的方案进行进一步完善，以达到查漏补缺、举一反三和拓宽知识面的目的。

本书由吴建刚和王建邦担任主编。在本书的编写过程中，教育部机械行指委主任陈晓明、上海AHK白丽塔(Britta Buschfeld)等给予了指导并提出了许多宝贵意见，在此深表感谢。

由于编者水平和能力有限，书中难免会出现一些错误，敬请广大师生谅解和批评！

编　者

2014年6月

目　录

学习情境 1　防抱死制动系统诊断与维修

学习目标

1. 能够完成 ABS 系统的检测与维护；
2. 能够完成 ABS 电动液压泵的更换及控制单元编码；
3. 能够完成 ABS 线路的故障诊断与维护

情境导入

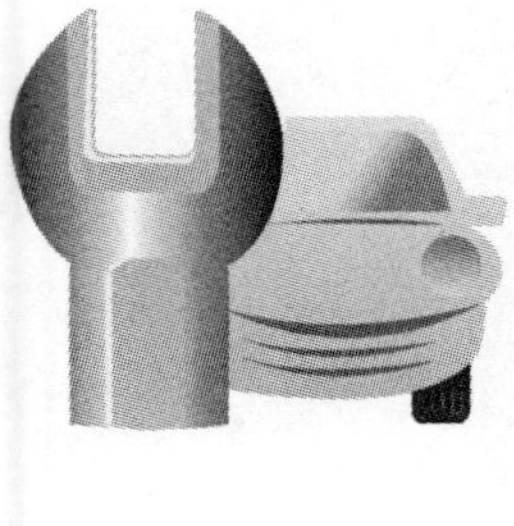

车　　型：大众帕萨特；
行驶里程：68 000 km；
出厂时间：2006 年 3 月。
故障现象：
　　该车在紧急制动时，偶尔会出现 ABS 不工作，且故障灯常亮的现象

任务　紧急制动时 ABS 系统不工作的故障诊断与维修

任务描述

一、学习目标

1. 能够完成 ABS 系统自诊断检查；
2. 能够完成轮速传感器及齿圈的检查与更换；
3. 能够完成 ABS 泵以及控制单元的检测与更换；
4. 能够完成 ABS 系统电路维护

二、学习内容

1. 大众帕萨特 ABS 系统故障码的读取和清除；
2. 大众帕萨特轮速传感器及齿圈的检查与更换；
3. 大众帕萨特 ABS 泵以及控制单元的检测与更换；
4. 大众帕萨特 ABS 系统电路的维护

项目 1　ABS 系统自诊断与故障码读取

一、知识链接

1. 防抱死制动系统(ABS)的组成

防抱死制动系统(ABS)主要由轮速传感器、电子控制装置(电控单元)和制动压力调节器(液压单元)、ABS 警示装置组成，如图 1－1 所示。各部件在车上的位置，如图 1－2 所示。

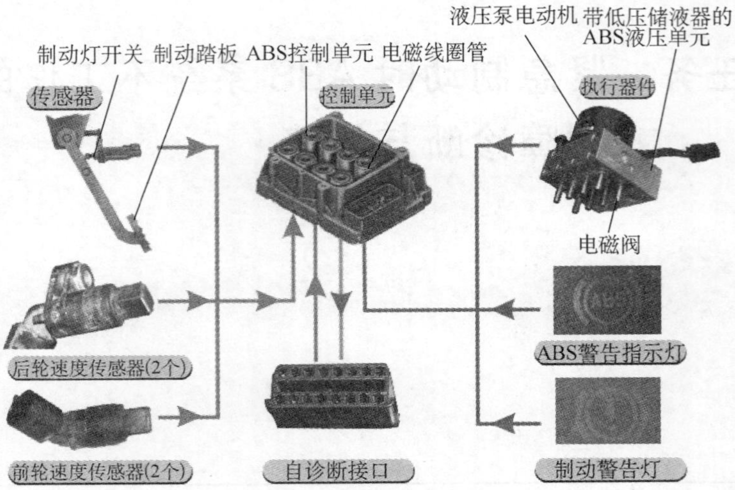

图 1-1　ABS 的基本组成

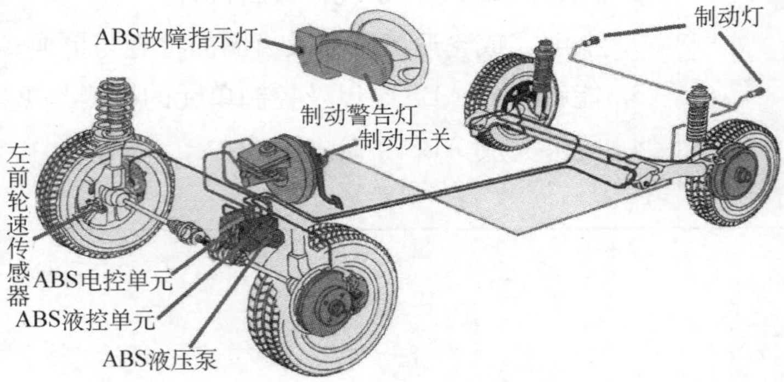

图 1-2　ABS 部件实车位置图

2. 防抱死制动系统(ABS)的工作原理

轮速传感器将测出的车轮运动参数转换成电信号传给电子控制装置(ECU),电子控制装置经运算后发出控制指令给制动压力调节器,调节车轮制动器的制动压力。

ABS 系统最主要的作用就是防止发生车轮抱死引起的侧滑甩尾和失去转向能力的现象。ABS 系统使制动卡钳“制动—释放—制动”,使车轮处于“抱死—松开—抱死”的循环状态,如图 1-3 所示。

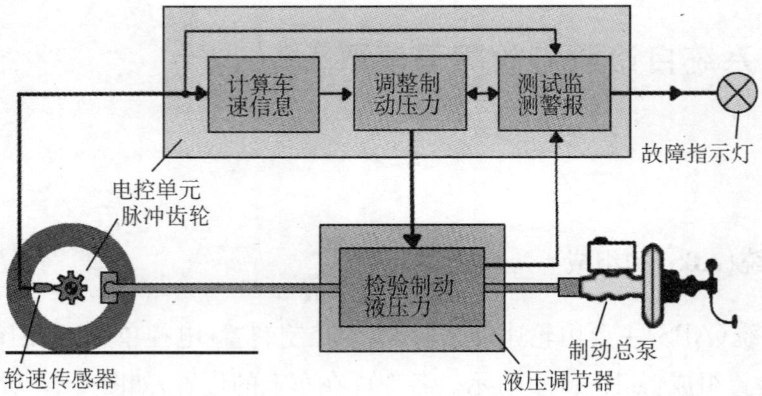

图 1-3　ABS 工作原理示意图

对于装有ABS的汽车，车轮处于“边滚动边滑动”的状态；而没有ABS的汽车，车轮一直处于抱死状态，所以会产生一条轮胎拖印，如图1－4所示。

图1－4 有无ABS功能的对比

3. ABS系统的分类

在ABS系统中，对能够独立进行制动压力调节的制动管路称为控制通道。ABS装置的控制通道分为四通道式、三通道式、二通道式和一通道式4种，四通道式如图1－5所示，三通道式如图1－6所示。根据传感器数目可分为四传感器和三传感器。

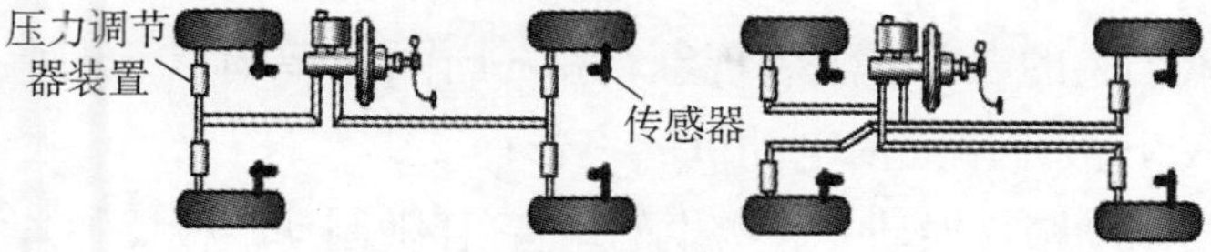

图1－5 四通道四传感器式

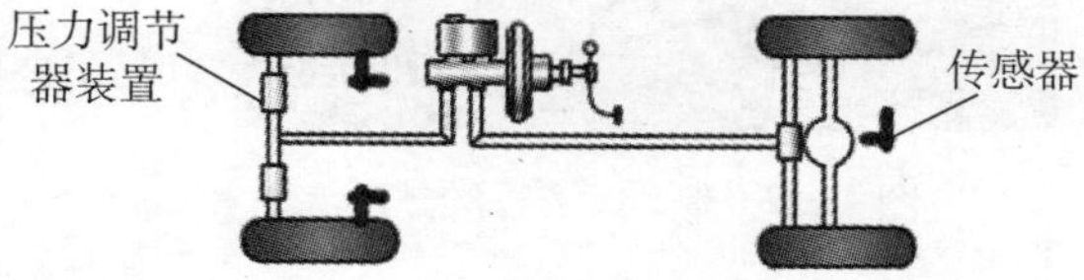

图1－6 三通道三传感器式

1）四通道式

四通道式ABS有四个轮速传感器，在通往四个车轮制动分泵的管路中，各设一个制动压力调节装置，进行独立控制，构成四通道控制形式。四通道控制形式特别适用于汽车左右两侧车轮附着系数接近的路面，不仅可以获得良好的方向稳定性和方向控制能力，而且可以得到最短的制动距离。

2）三通道式

三通道式ABS是对两前轮进行独立控制，两后轮按低选原则进行一同控制（即两个车轮由一个通道控制，以保证附着力较小的车轮不抱死为原则），也称混合控制。对两前轮进行独立控制，主要考虑小型乘用车，特别是前轮驱动的汽车，前轮的制动力在汽车总制动中所占的比例较大（可达70％左右），可以充分利用两个前轮的附着力。制动方向稳定性较好，但制动效能稍差。

3）二通道式

二通道式ABS难以在方向稳定性、转向控制性和制动效能各方面得到兼顾，目前采用很少。

4）一通道式

一通道式 ABS 常叫单通道 ABS，它是在后轮制动器总管中设置一个制动压力调节器，在后桥主减速器上安装一个轮速传感器（也有在后轮上各安装一个）。单通道 ABS 一般都是对两后轮按低选原则进行同时控制。单通道 ABS 不能使两后轮的附着力得到充分利用，因此制动距离不一定会明显缩短。另外，由于前轮制动未进行控制，制动时前轮仍会出现制动抱死，因而转向操纵能力也未得到改善，但由于制动时两后轮不会抱死，能够显著地提高制动时的方向稳定性，在安全上是一大优点，同时结构简单，成本低等优点，所以在轻型载货车上广泛应用。

4. ABS 的特点

优点：缩短制动距离；延长轮胎的使用寿命；提高了汽车制动时安全稳定性；使用方便、工作可靠。

局限性：在松散的砾石路面、松土路面或积雪很深的路面上制动、在平滑的干路面制动，ABS 不能提供最短的制动距离。

5. ABS 系统自检

图 1－7　制动系统警告灯

点火开关转至“ON”时，“ABS”警告灯会亮起。如果防抱死制动系统及制动辅助系统作用正常，则几秒后此灯就会熄灭；如果此系统发生故障，则“ABS”警告灯会常亮。驻车制动手柄在没有拉起时，制动指示灯应该处于熄灭状态；否则为电路故障。制动系统警告灯，如图 1－7 所示。

发动发动机后，有时候会从发动机舱中传出类似碰击的声音，这是 ABS 进行自检的声音，属正常现象。系统工作的声音有以下几种：

（1）ABS 液压单元内电动机的声音；

（2）与制动踏板振动一起产生的声音（伴随制动踏板反弹）；

（3）ABS 工作时，因制动而引起悬架碰击声或轮胎与地面接触而发出吱嘎声。

注：ABS 正常工作时，轮胎仍有可能发出吱嘎声。

6. ABS 系统自诊断

大众帕萨特的 ABS 控制单元具备自诊断功能。自诊断是针对系统的电气/电子零件而言，这就是说，它只辨认影响电子信号的故障。自诊断的接口位于盖板之下靠近手制动器杠杆的手柄处。对于 ABS 系统出现的故障以故障代码的形式储存在故障存储器中，此时 ABS 信号灯在自检完毕后一直点亮。

这些故障信息即使在缺乏系统电源时也仍然保留。对于偶尔出现的故障同样能辨认和存储。如果在汽车发动 20 次之后，或在一次较长的行驶距离之后，故障不再出现，则故障在故障存储器中被消除。

7. 故障码的读取和清除

使用大众专用检测仪 V. A. G1551 或 V. A. S5052，如图 1－8 所示。

进入制动系统读取故障码。在记录故障码后可以直接使用仪器清除故障码。在没有检测仪器的情况下可采用拔除 ABS 供电保险 10 s 以上，系统自动清除故障码（不建议直接断开蓄电池负极）。

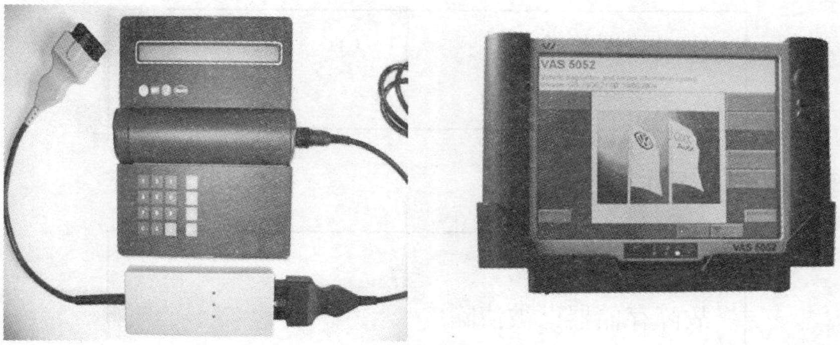

图1－8　检测仪 V. A. G1551 与 V. A. S5052

1）故障码的读取

（1）连接故障阅读仪 V. A. G1551，接通点火开关，按键 0 和 3 选择“制动电子”并确认。屏幕显示：

快速数据传输	帮助
功能选择 XX	

（2）按键 0 和 2，用 02 输入查询故障代码。屏幕显示：

快速数据传输	Q
02—查询故障代码	

（3）按 Q 键确认。屏幕显示所储存的故障数目或显示“无故障”。如屏幕显示：

X 个故障被识别

或屏幕显示：

无故障	→

（4）根据所显示的故障代码，查询故障代码表即可确定故障的部位。在屏幕显示无故障后，按键→则回到原始状态。按键 0 和 6 可结束输出。

2）清除故障代码和结束输出

（1）查询存在故障代码后，操作 V. A. G1551 使之回到原始状态。屏幕显示：

快速数据传输	帮助
功能选择 XX	

（2）按键 0 和 5，选择“清除故障代码”功能。屏幕显示：

快速数据传输	Q
05—清除故障代码	

(3) 按 Q 键确认。屏幕显示：

快速数据传输	→
故障存储器已被清除	

(4) 如果检查步骤有错误，则屏幕显示：

注意！	→
故障存储器不能查询	

(5) 执行正确的检验步骤，即先查询故障代码，然后清除。按→键，屏幕显示：

快速数据传输	帮助
功能选择 XX	

(6) 按键 0 和 6，结束输出。屏幕显示：

快速数据传输	Q
06—输出结束	

(7) 按 Q 键确认。屏幕显示：

快速数据传输	帮助
输入地址码 XX	

(8) 断开点火开关，将 V. A. G1551 的连接也断开。接通点火开关，ABS 的信号灯和制动设备的信号灯必须在约 2 s 后熄灭，并进行一次至少 60 km/h 约 30 s 的行驶。

大众帕萨特 B5 ABS 的故障码以 5 位数显示。所有故障码都能在 V. A. G1551 上打印，偶尔出现的故障，在显示屏上会出现“/SP”，在停止的汽车上不能辨识的静态故障，在点火开关断开和接通后同样用“/SP”标识。

二、制定方案

根据情境导入中的案例，需要对 ABS 系统自诊断与故障码进行读取。教师在组织教学的过程中，根据任务内容和所要操作的仪器及设备，制定大众帕萨特 ABS 系统自诊断与故障码的读取方案，如表 1－1 所示。

表1-1　大众帕萨特ABS系统自诊断与故障码读取方案表

	大众帕萨特ABS系统自诊断与故障码读取方案	
车辆信息描述	车辆描述	大众帕萨特，行驶里程68 000 km，出厂时间：2006年3月
	故障现象	该车在紧急制动时，偶发性出现ABS不工作，且故障灯常亮的现象
设备/工具/耗材要求	设备：大众帕萨特乘用车、制动系统台架； 工具：V. A. G1551或V. A. S5052、万用表	
安全要求及注意事项	1. 安全要求： (1) 注意人身和车辆设备安全； (2) 严禁随意扳动车辆和乱动电器按钮开关； (3) 未经实训老师批准不得发动车辆。 2. 操作注意事项： (1) 严禁起动车辆(必要时可收回车辆钥匙)； (2) 严禁爬、靠、坐在车辆上； (3) 小组实习依次按顺序进行； (4) 蓄电池电压必须在10.5 V以上； (5) 自诊断操作时ABS熔断丝完好； (6) 点火开关接通时，不能连接或拔下检测仪的诊断插头，以防损坏检测仪器	
工作步骤	1. 教师通过制动系统台架演示ABS的工作过程； 2. 打开车辆点火开关至ON挡； 3. 观察制动指示灯； 4. 观察ABS系统自检过程： (1) ABS灯是否熄灭； (2) ABS自检是否有声音； 5. 使用V. A. G1551或V. A. S5052按照屏幕提示，读取制动系统故障码； 6. 记录故障码； 7. 清除故障码(仪器清除；手动清除)	

教师对学生进行分组，每组选出一个小组长，小组长根据小组成员任务分工不同，确定不同任务的责任人。小组成员任务的划分可以参考下面的小组任务分配表，如表1-2所示。

表1-2　小组任务分配表

	小组任务	个人职责(任务)	小组成员
1	任务前期准备工作	准备该任务的设备、工具、耗材	
2	安全检查	主要负责工具设备使用情况和操作工作的安全监督	
3	ABS系统自检操作	负责ABS自检故障检查与记录	
4	读取故障码	负责使用检测仪器读取故障码	

续 表

	小组任务	个人职责(任务)	小组成员
5	仪器清除故障码	负责采用检测仪器清除故障码	
6	手动清除故障码	负责采用手动清除故障码	
7	竣工检查工作	检查所有的设备器材是否齐全	

实训中如果没有该车型,可以参考大众帕萨特 ABS 系统自诊断与故障码读取方案表,并查阅该实训车型的维修手册,制定该车型 ABS 系统自诊断与故障码读取,如表 1－3 所示。

表 1－3　ABS 系统自诊断与故障码读取方案表

<table>
<tr><td></td><td colspan="2">________乘用车 ABS 系统自诊断与故障码读取方案</td></tr>
<tr><td rowspan="2">车辆信息描述</td><td>车辆描述</td><td></td></tr>
<tr><td>故障现象</td><td></td></tr>
<tr><td>设备/工具/耗材要求</td><td colspan="2"></td></tr>
<tr><td>安全要求及注意事项</td><td colspan="2"></td></tr>
<tr><td>工作步骤</td><td colspan="2"></td></tr>
</table>

三、实施

依据制定方案实施,并填写项目单,如表 1－4 所示。

表 1－4　实训结果项目表

<table>
<tr><td colspan="2">车型:</td></tr>
<tr><td>项　　目</td><td>检查情况</td></tr>
<tr><td rowspan="3">ABS 故障指示灯</td><td>是否点亮:</td></tr>
<tr><td>故障灯熄灭时间:</td></tr>
<tr><td>故障灯颜色:</td></tr>
</table>

续 表

项 目	检查情况
制动指示灯	是否点亮：
	指示灯颜色：
ABS系统自检	是否有响声：
	响声持续时间：
仪器诊断	是否存在故障码：
	故障码：
	手动清除故障码步骤：
	仪器清除故障码步骤：

四、作业

1. ABS的基本组成部分有哪些？

2. 查阅资料，叙述EBD的组成及功能。

项目2 检查与更换轮速传感器及齿圈

一、知识链接

1. 轮速传感器

轮速传感器用于检测汽车车轮的行驶速度，并将速度信号输入ABS的电控单元，如图1-9所示。

2. 安装位置

轮速传感器安装在车轮轮毂轴承附近，有轴向安装和径向安装两种安装方式，如图1-10和图1-11所示。

图 1-9　ABS 控制原理

图 1-10　轴向安装

图 1-11　径向安装

3. 轮速传感器的类型

1）电磁式轮速传感器

电磁式轮速传感器是一种通过磁通量的变化产生感应电压的装置，主要有传感头和齿圈两部分组成，不需要供电电源，结构简单。齿圈一般安装在轮毂或轴座上，对于后轮驱动车辆齿圈也可安装在差速器或传动轴上，齿圈随车轮或传动轴一起转动。传感头通过固定在车身上的支架安装在齿圈附近，传感头与齿圈间的间隙约 1 mm。

传感头由电缆、永磁铁、外壳、感应线圈、极轴、齿圈组成。极轴与永磁铁相连，感应线圈套在极轴的外面。极轴头部结构有凿式和柱式两种，如图 1-12 所示。

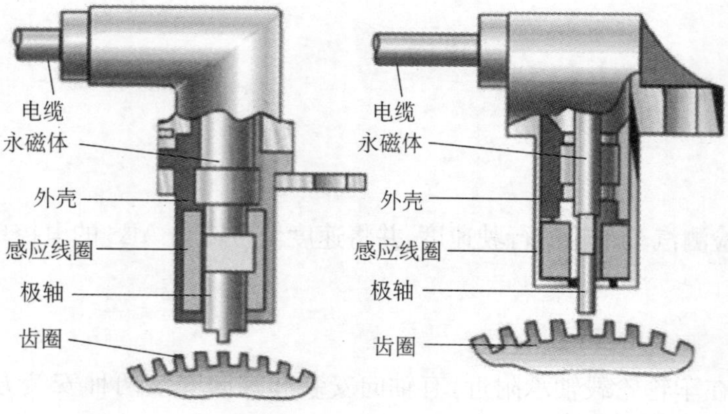

图 1-12　电磁式轮速传感器

工作原理：齿圈旋转时，齿顶和齿隙交替对向极轴。当齿顶对向极轴时磁路的磁隙最小，因此磁阻也最小，通过感应线圈的磁通量最大；当齿隙对向极轴时磁路的磁隙最大，磁阻也最大，通过感应线圈的磁通量最小。所以在齿圈旋转过程中，感应线圈内部的磁通量交替变化从而产生感应电动势，此信号通过感应线圈内部的电缆输入ABS的电控单元。当齿圈的转速发生变化时感应电动势的频率也随之变化。ABS电控单元即通过检测感应电动势的频率变化来检测车轮速度。

2）霍尔式轮速传感器

霍尔式轮速传感器也是由传感头和齿圈组成。传感头由永磁体、霍尔元件和电子电路组成，如图1-13所示。永磁体的磁力线通过霍尔元件齿圈，齿圈相当于一个集磁器。

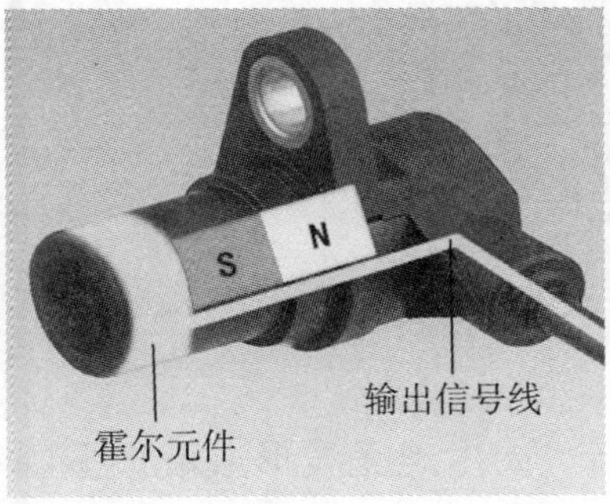

图1-13　霍尔式轮速传感器

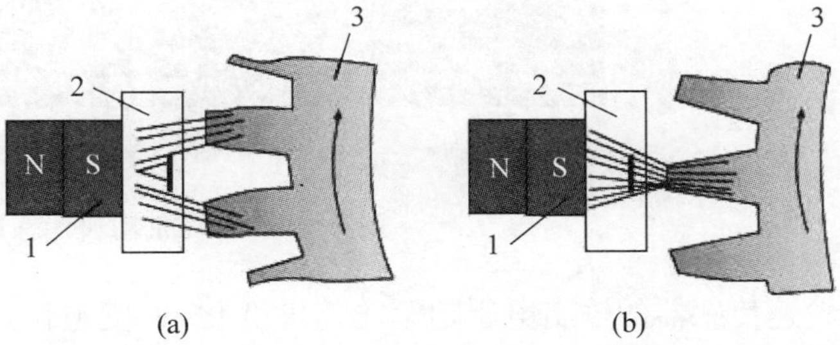

1-磁体；　2-霍尔元件；　3-齿圈

图1-14　霍尔式轮速传感器工作原理

工作原理：如图1-14所示，当齿圈位于(a)所示位置时，穿过霍尔元件的磁力线分散，磁场相对较弱；而当齿圈位于(b)所示位置时，穿过霍尔元件的磁力线集中，磁场相对较强。齿圈转动时，使得穿过霍尔元件的磁力线密度发生变化，因而引起霍尔电压的变化，霍尔元件将输出一个毫伏(mV)级的准正弦波电压，然后再由电子电路转换成标准的脉冲电压。

4. 轮速传感器的检测

轮速传感器的故障在ABS故障中所占比率不低于30%，因此，设法消除传感器的故障是提高ABS可靠性的重要环节。轮速传感器常见故障有：感应线圈短路、断路或接触不良、脏污，传感头部分安装不牢或磁极与齿圈之间有脏物。

电磁式轮速传感器和霍尔式轮速传感器结构，由于工作原理不同，所以它们的检测方式也不同。

1）电磁式轮速传感器检测方法

(1) 举升汽车，松开驻车制动器。

(2) 拆开ABS的ECU接线插座或拔下轮速传感器的接线插头，使被测车轮以5 r/s的速度转动时，用万用表AC/mV挡或示波器检测。

(3) 如用万用表测量各车轮的轮速传感器对应端子间的电压，万用表指示值应为70 mV以上。如测量值低于规定值，原因可能是传感器与轮齿的间隙过大或传感器本身有问题，需要更换新件。

(4) 如使用示波器观测各轮速传感器输出电压波形：起动发动机，把变速器选挡杆放在1挡，并使前轮回转，后轮用手匀速回转。确认传感器连线与连接器连接可靠后，即可从屏幕中观测波形。在实车行驶中，也可观测示波器。示波器的脉冲波形均匀，且随车轮转速的加快波形也变化，如图

1－15 所示。

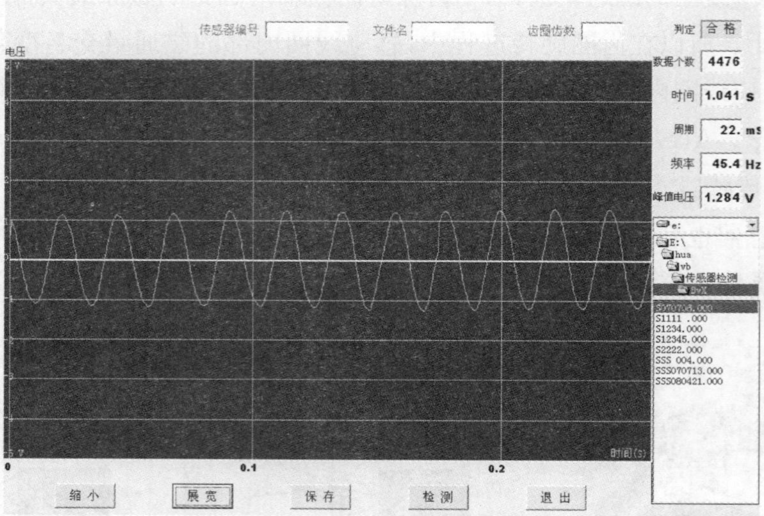

图 1－15　正常的轮速传感器电压波形

轮速传感器的输出电压随车轮速度变化，速度愈快，电压愈高。如出现无波形或波形振幅小，说明轮速传感器不良，应进行更换，如图 1－16 所示。

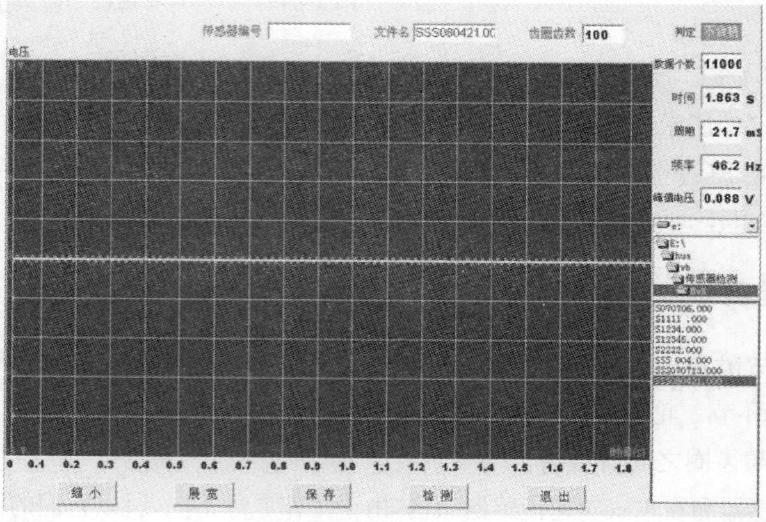

图 1－16　不正常的轮速传感器电压波形

如出现波形振幅变化大超过 100 mV，是由于轮毂摆动或偏心，应更换轮毂；或者是由于 ECU 搭铁不良，需要修整；如果出现波形紊乱或噪声大，是因为轮速传感器断线、线束断线、传感器安装不良、轮齿缺齿等因素所致。如轮速传感器断线，应更换传感器；如线束断线，应修整；如传感器安装不良，应重新安装；若轮齿缺齿，应更换齿圈。

(5) 也可以用欧姆表检查轮速传感器的电阻值，一般电阻在 600 Ω～2 300 Ω 为正常。电阻太小为线圈短路；电阻过大为连接不良；电阻非常大为断路；线圈与外壳导通为搭铁。

2) 霍尔式轮速传感器检测方法

霍尔轮速传感器，可用检测其输出电压信号来判断其工作好坏。方法如下：

(1) 关闭点火开关；

(2) 举升汽车，使四个轮胎离地10 cm左右；

(3) 拔下轮速传感器的导线连接器插头并用导线将线束插头与轮速传感器插头的电源端子相连；

(4) 将万用表(用交流电压挡)的两表笔分别搭接在轮速传感器的信号输出端子(注意正负极性)，测量传感器的输出电压；

(5) 打开点火开关，用手转动车轮，万用表应显示交流电压在7 V～14 V。如果电压不在规定范围，则应检查传感器与齿圈之间的间隙(标准值为0.2 mm～0.4 mm)，否则应进行调整。

3) 齿圈的检查

ABS齿圈安装在汽车轮毂上，如图1-17所示。随着车轮的旋转而转动，使ABS传感器内产生交流电并传输到电子控制器，电子控制器从交流电变化的频率计算出车轮的速度。

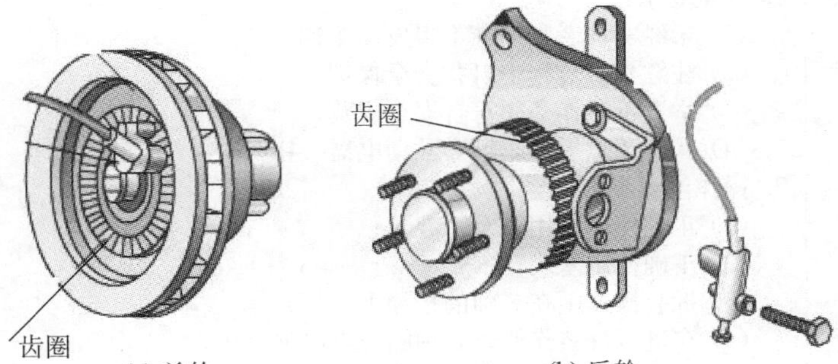

(a) 前轮　　(b) 后轮

图1-17　前后轮齿圈

检查转子齿圈有无裂纹、变形、缺齿和断齿，齿圈的齿与齿之间是否吸附有铁屑和泥土。如果发现齿圈损坏，应更换新齿圈，如图1-18所示。

图1-18　各种形式的齿圈

4) 齿圈的安装

齿圈安装在轮毂上，与轮毂为过盈配合。齿圈的安装有两种方法：

(1) 加热装配。将齿圈充分加热到180℃～200℃左右，保温5～10 min，将齿圈与轮毂装配。装配时不能用金属物体敲击齿圈。

(2) 压装。用专用工装在压床上沿整个环均匀施力，直到齿圈接触到轮毂平台。为便于压装可对齿圈适当加热。

齿圈安装后，轴向偏差不超过0.2 mm，相邻齿的高度偏差不超过0.04 mm。

二、制定方案

根据情境导入中的案例，需要检查与更换轮速传感器及齿圈。教师在组织教学的过程中，根据任务内容和所要操作的仪器及设备，制定大众帕萨特轮速传感器及齿圈的检查与更换方案，如表1-

5 所示。

表 1-5　大众帕萨特轮速传感器及齿圈的检查与更换方案表

	大众帕萨特轮速传感器及齿圈的检查与更换方案	
车辆信息描述	车辆描述	大众帕萨特，行驶里程 68 000 km，出厂时间：2006 年 3 月
	故障现象	该车在紧急制动时，偶发性出现 ABS 不工作，且故障灯点亮的现象
设备/工具/耗材要求	设备：实车、ABS 制动系统台架； 工具：万用表、示波器、塞尺、常规套装工具； 耗材：手套	
安全要求及注意事项	1. 安全要求： (1) 未经实训老师批准不得发动车辆； (2) 注意检查过程中自我安全保护； (3) 举升机操作必须符合安全规范； (4) 严禁随意扳动车辆和乱动电器按钮开关。 2. 操作注意事项： (1) 正确使用万用表及示波器； (2) 正确使用塞尺； (3) 拆装操作须在老师的指导下进行； (4) 在进行拆装作业时必须断开蓄电池负极； (5) 拆装时注意不要碰伤传感器头，不要用传感器齿圈当做撬面，以免损坏； (6) 汽车举升后，坐在驾驶室操作汽车起动、加速动作的学生，必须听从站在汽车底部的安全员的命令指挥，在汽车下面用万用表检测各轮速传感器的学生要注意安全操作，不能嬉闹	
工作步骤	1. 车辆驶入工位； 2. 举升车辆； 3. 拆卸车轮； 4. 外观检查： (1) 传感器安装是否松动 (2) 传感器和齿圈是否有磁性物质和污垢 (3) 传感器导线是否破损、老化 (4) 插接器是否连接牢固和接触良好 5. 用塞尺检查传感器与齿圈间隙； 6. 检测传感器(具体方法参照知识链接)； 7. 其他传感器依次操作； 8. 将有问题的传感器拆卸，更换； 9. 检查齿圈(损坏)； 10. 拆卸前悬架总成； 11. 用专用拉马拉出齿圈； 12. 更换齿圈； 13. 反顺序安装； 14. 清除故障码，试车检查	

教师对学生进行分组，每组选出一个小组长，小组长根据小组成员任务分工不同，确定不同任务的责任人。小组成员任务的划分可以参考下面的小组任务分配表，如表 1-6 所示。

表 1－6　小组任务分配表

	小组任务	个人职责(任务)	小组成员
1	任务前期准备工作	准备该任务的设备、工具、耗材	
2	安全检查	主要负责工具设备使用情况和操作工作的安全监督	
3	轮速传感器外观检查	负责传感器外观检查	
4	轮速传感器仪器测量	负责用万用表、厚薄规检查传感器	
5	传感器更换	负责拆装传感器	
6	检查齿圈	负责检查齿圈	
7	清除故障码	负责清除故障码	
8	竣工检查工作	检查所有的设备器材是否齐全	

实训中如果没有该车型，可以参考大众帕萨特 ABS 轮速传感器及齿圈的检查与更换方案表，并查阅该实训车型的维修手册，制定该车型 ABS 轮速传感器及齿圈的检查与更换方案，如表 1－7 所示。

表 1－7　轮速传感器及齿圈的检查与更换方案表

<table>
<tr><td></td><td colspan="2">________乘用车轮速传感器及齿圈的检查与更换方案</td></tr>
<tr><td rowspan="2">车辆信息描述</td><td>车辆描述</td><td></td></tr>
<tr><td>故障现象</td><td></td></tr>
<tr><td>设备/工具/耗材要求</td><td colspan="2"></td></tr>
<tr><td>安全要求及注意事项</td><td colspan="2"></td></tr>
<tr><td>工作步骤</td><td colspan="2"></td></tr>
</table>

三、实施

依据制定方案实施，并填写项目单，如表 1－8 所示。

表 1-8　实训结果项目表

车型：

	外观检查	万用表检测	厚薄规检查
轮速传感器	1. 传感器安装是否松动。 □ 2. 传感器和齿圈是否有磁性物质和污垢。 □ 3. 传感器导线是否破损、老化。 □ 4. 插接器是否连接牢固和接触良好。 □	1. 电磁传感器 检测电阻:左前________ 右前________左后________右后________ 标准________ 检测电压:左前________ 右前________左后________右后________ 标准________ 2. 霍尔传感器 检测电压:左前________ 右前________左后________右后________ 标准________	检查传感器与齿圈之间间隙:左前________ 右前________ 左后________ 右后________ 标准________

	更换齿圈简要步骤	齿圈检查
齿圈	1. 2. 3. 4.	是否脏污 □ 是否有裂纹、形变 □ 是否断齿 □ 是否缺齿 □

四、作业

1. ABS 系统的轮速传感器有哪些类型？有什么作用？

2. 自行查阅资料，叙述磁阻式轮速传感器的基本原理。

项目 3　ABS 液压泵及控制单元更换与设定

一、知识链接

1. ABS 液压泵

ABS 液压泵的作用是根据 ECU 的指令，调节各个车轮制动器的制动压力，使车轮处于"边滚动边滑动”的状态。它可在短时间内将制动液加压(在蓄能器中)到 15 MPa～18 MPa,并给整个液压系统提供高压制动液,如图 1－19 和图 1－20 所示。

图 1－19　ABS 液压泵

图 1－20　ABS 液压泵安装位置

2. ABS 液压泵体组成

ABS 泵主要由电动泵、储能器、电磁阀和控制单元等构成一个整体,如图 1－21 所示。

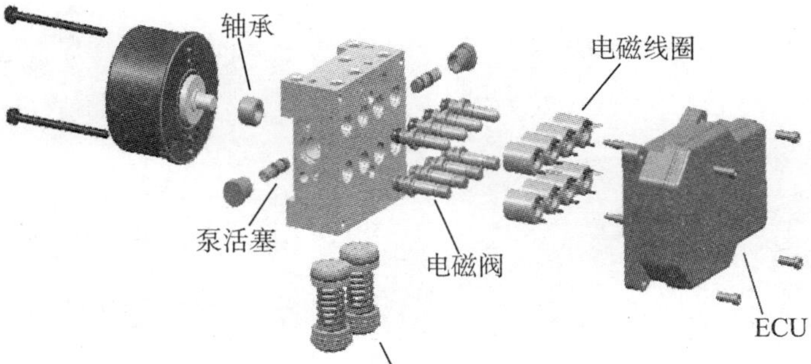

图 1－21　ABS 泵组成

(1) 电动泵。安装在液压控制单元内部。用电信号控制电动泵,增压状态时增加液压,减压状态时抽出轮泵的制动液储存到储能器。电动泵两端的进出油路上分别设置有一个吸入阀和压力阀。

(2) 蓄能器。安装在液压控制单元内部,和电动泵并联。它的作用是在 ABS 工作中减压状态时暂时储存从轮泵抽回的制动液,增压状态时迅速供给制动油,并吸收在此过程中发生的制动液波动和振动。

(3) 电磁控制阀。是液压泵的重要部件,由它完成对 ABS 的控制。ABS 系统中都有一个或 2 个电磁阀体,大众帕萨特有 8 个电磁阀,分别控制通往前后轮的 4 个管路的油压,每个管路中一对电磁阀中的一个是常开进油阀,另一个是常闭出油阀。8 个电磁阀的开闭由电控单元控制。常用的电磁阀有三位三通阀、二位二通阀等多种形式。电磁控制阀如图 1－22 所示。

3. ABS 液压泵工作过程

1) 建压阶段

制动时,通过助力器和总泵建立制动压力。此时常开阀打开,常闭阀关闭,制动压力进入车轮制动器，车轮转速迅速降低，直到 ABS 电子控制单元通过转速传感器识别出车轮有抱死的倾向为止，如图 1－23 所示。

图 1－22　电磁控制阀

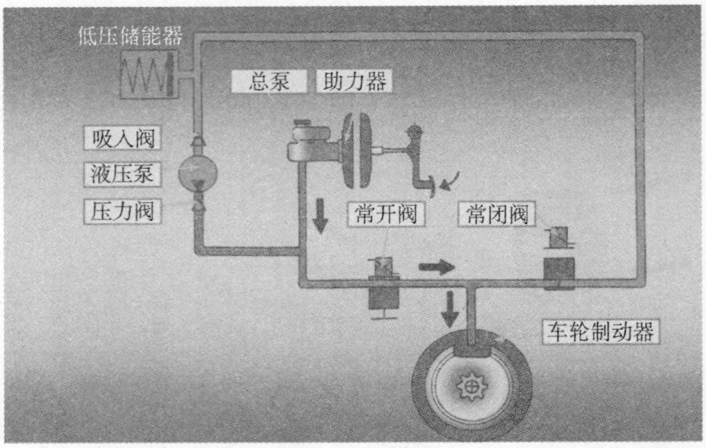

图 1－23　建压阶段

2）保压阶段

ABS 电子控制单元通过转速传感器得到的信号识别出车轮有抱死的倾向时，即向液压控制单元发出控制信号关闭常开阀，此时常闭阀仍然关闭，使制动器中的压力保持不变，如图 1－24 所示。

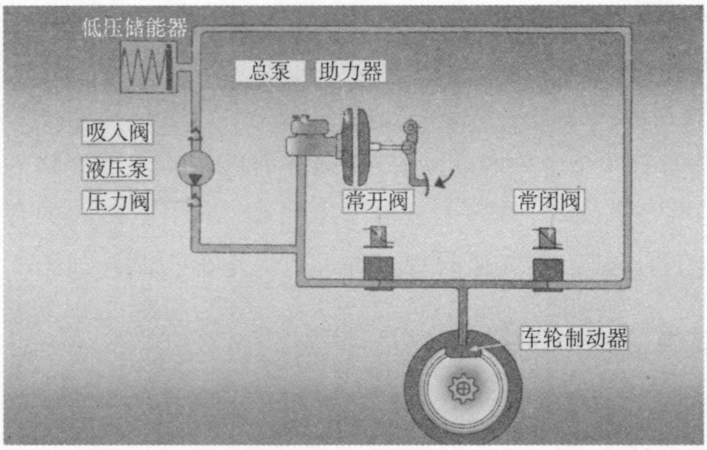

图 1－24　保压阶段

3）降压阶段

在制动压力保持不变后，控制单元还不断检测车轮转速信号，若判断出车轮仍有抱死倾向时，ABS电子控制单元立即向液压控制单元发出控制信号打开常闭阀，起动液压泵工作，制动液从制动器经低压蓄能器被送回到制动总泵，制动压力降低，制动踏板微量顶起，车轮抱死程度降低，车轮转速开始上升，如图1－25所示。

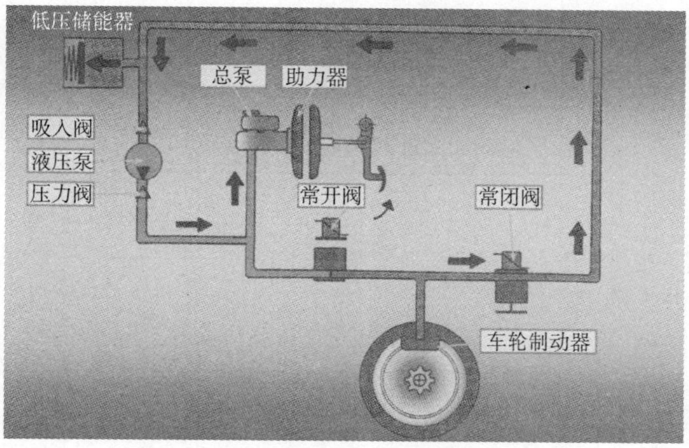

图1－25 降压阶段

4）增压状态

为了取得最佳的制动效果，当车轮达到一定转速后，ABS电子控制单元再次命令常开阀打开，常闭阀关闭，随着制动压力增加，车轮再次被制动和减速，如图1－26所示。

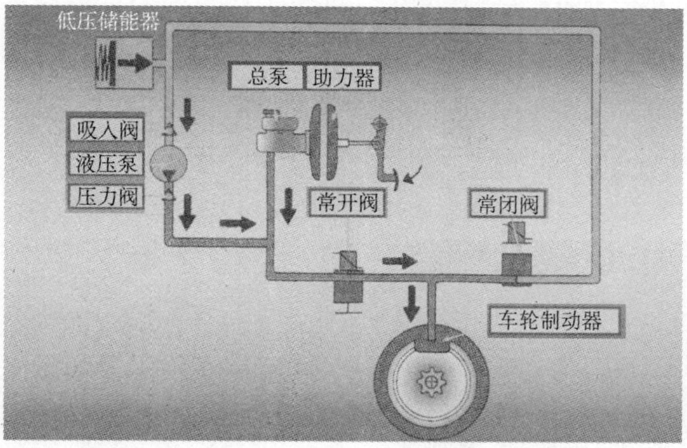

图1－26 增压阶段

防抱死制动系统压力调节频率为每秒2～4个循环(保压＋降压＋增压为1个循环)。

4. ABS液压泵的检修

首先进行常规检查：检查保险、电线插座、是否漏油等。如果正常，连接V. A. G1551故障阅读器后，键入“1”，进入快速传递数据方式；再键入“03”、“Q”、“→”，选择“制动电气系统”。然后选择

“03 液压控制单元诊断”。

具体步骤如表 1－9 所示。利用此功能可以对液压控制单元进行测试，能检查常开阀、常闭阀工作是否正常。需要对每个车轮进行上述测试，顺序为：左前、右前、左后、右后。

表 1－9　ABS 液压泵动态测试

步骤	操作者动作	屏幕显示	正常时的结果
01		液压泵测试	
02	踩下制动踏板不放	踩下制动踏板	
03		常开阀：0 V 常闭阀：0 V 车轮抱死？	车轮抱死
04		常开阀：通电 常闭阀：0 V 车轮抱死？	车轮抱死
05		常开阀：通电 常闭阀：通电车轮可自由转动？	车轮可自由转动，踏板回弹，可听见泵电机工作噪声
06		常开阀：通电 常闭阀：0 V 车轮抱死？	车轮可自由转动
07		常开阀：0 V 常闭阀：0 V 车轮抱死？	车轮抱死 踏板自动微微下沉
08	松开制动踏板	松开制动踏板	

诊断该机构时，汽车必须稍稍升起，以使车轮能自由转动。执行机构的控制时间限于 60～90 s，如果在这段时间内不操作，则执行机构试验中断。如果确定液压泵已损坏，则需要对其进行解体维修。

(1) 关闭点火开关，拔下 ECU 与液压泵体之间的插头，检查插头是否有腐蚀或潮湿迹象，测量两针脚间的阻值应为 0.8 Ω 左右，通电试验，泵电动机应转动发热现象则说明问题在 ABS 泵内。

(2) 拔下 ECU 插头，拆除影响 ABS 泵拆装的附件，拆卸液压控制单元总成上固定螺栓和制动油管，拔下电气插头，再取下 ECU，如图 1－27 和图 1－28 所示。

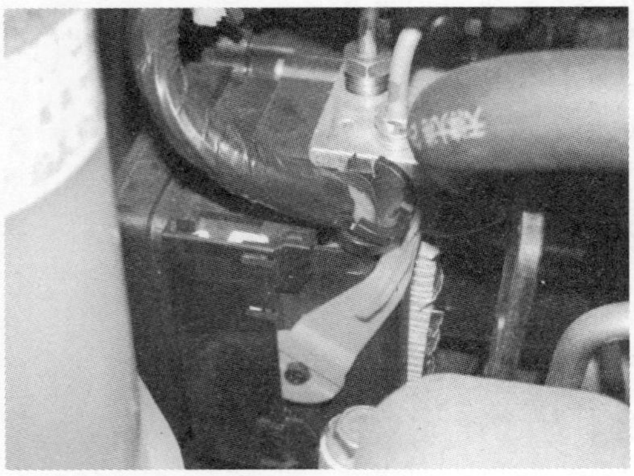

图 1－27　拔下 ECU 插头

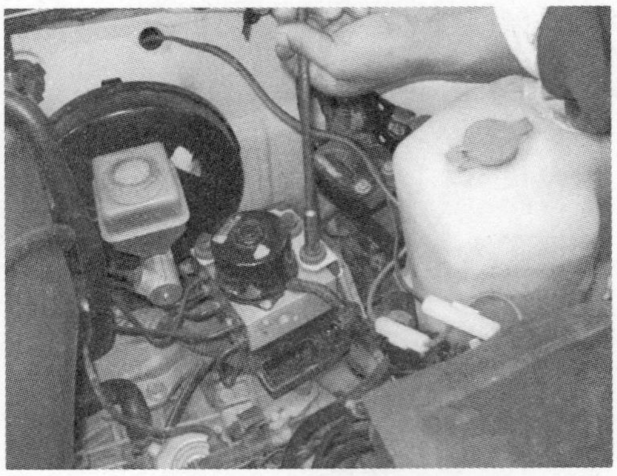

图 1－28　拆卸固定螺栓

(3) ECU 外壳有 4 个固定螺栓被密封胶封住，必须将外壳的边缘去掉，然后用工具沿着壳体缝隙把密封胶抠出。操作这一步骤时一定要耐心细致，工具不可伸得太靠里面，以防伤及电路板，用螺丝刀均匀挑开外壳四周，如图 1－29 和图 1－30 所示。

图 1－29　分解 ABS 泵

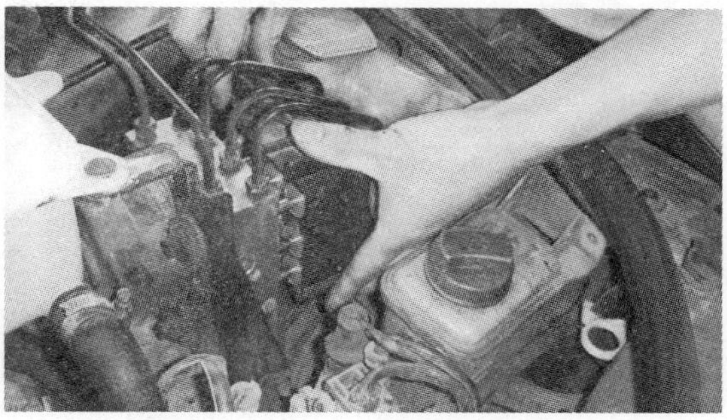

图 1－30　ABS 泵解体

（4）检查 ABS 泵电机，将其通 12 V 直流电，ABS 泵电动机应转动，并有发热现象；如无转动，则说明电机已坏，应进行更换，如图 1－31 和图 1－32 所示。

图 1－31　ABS 泵电机

图 1－32　12 V 直流电源

（5）复装与拆卸顺序相反。打开点火开关，如 ABS 灯正常熄灭，说明故障点已修复，用V. A. G5052 清除故障码后重新填充制动液，并依次排空液压单元上的 6 个液压管路上的空气（4 个制动分泵处的管头可不用排空）。起动后试车，确认 ABS 功能恢复正常。

二、制定方案

根据情境导入中的案例，需要对 ABS 液压泵及控制单元进行更换与设定。教师在组织教学的过程中，根据任务内容和所要操作的仪器及设备，制定大众帕萨特 ABS 液压泵及控制单元的更换与设定方案，如表 1－10 所示。

表 1－10　大众帕萨特 ABS 液压泵及控制单元更换与设定方案表

	大众帕萨特 ABS 液压泵及控制单元更换与设定方案	
车辆信息描述	车辆描述	大众帕萨特，行驶里程 68 000 km，出厂时间：2006 年 3 月
	故障现象	该车在紧急制动时，偶发性出现 ABS 不工作，且故障灯点亮的现象

续 表

	大众帕萨特ABS液压泵及控制单元更换与设定方案
设备/工具/耗材要求	设备：实训车辆、液压动力系统实训台一台、380 V电源 工具：开口扳手、梅花扳手若干、套筒工具、V. A. G1551故障阅读器 耗材：抹布
安全要求及注意事项	1. 安全要求： (1) 严格按照维修手册要求的流程进行操作； (2) 对特殊零部件的拆解要使用专用工具； (3) 听从老师管理，禁止随意操作实训车辆、设备等； (4) 安全操作，禁止明火； (5) 注意劳动保护。 2. 操作注意事项： (1) 正确使用工具； (2) 操作必须在老师的指导下进行； (3) 正确操作举升设备； (4) 拆卸ABS液压泵时车辆必须要熄火，且要断开蓄电池负极
工作步骤	1. 车辆驶入工位； 2. 将车辆停驻在举升机平台上； 3. 拉紧制动器，并将变速器置于空挡位置； 4. 打开发动机机舱盖并可靠支撑； 5. 安装翼子板护垫； 6. 安装保护三件套； 7. 进行外观检查液压泵； 8. 使用仪器进行ABS泵动作测试； 9. ABS系统泄压：将点火开关关闭，反复踩踏20次以上，当感觉到踏板的力明显增加，即感觉不到踩踏板的液压助力时，ABS系统泄压完成； 10. 排出制动液，拆除影响ABS拆装的附件； 11. 拔下ABS插接器；拆卸液压泵的制动油管； 12. 拆卸液压泵固定螺丝； 13. 更换ABS液压泵总成； 14. 安装相反的顺序安装； 15. 添加制动液，完成排气

教师对学生进行分组，每组选出一个小组长，小组长根据小组成员任务分工不同，确定不同任务的责任人。小组成员任务的划分可以参考下面的小组任务分配表，如表1－11所示。

表1－11　小组任务分配表

	小组任务	个人职责（任务）	小组成员
1	任务前期准备工作	准备该任务的设备、工具、耗材	
2	安全检查	主要负责工具设备使用情况和操作工作的安全监督	
3	ABS泵测试	负责ABS泵检查检查操作	

续　表

	小组任务	个人职责(任务)	小组成员
4	ABS泵拆卸	负责ABS泵拆卸操作	
5	ABS泵更换装配	负责ABS泵更换装配操作	
6	制动系统复装和排气	负责制动系统复装和排气	
7	竣工检查工作	检查所有的设备器材是否齐全	

实训中如果没有该车型,可以参考大众帕萨特ABS液压泵及控制单元更换与设定方案表,并查阅该车型的维修手册,制定该车型ABS液压泵及控制单元更换与设定方案,如表1-12所示。

表1-12　ABS液压泵及控制单元更换与设定方案表

	________乘用车ABS液压泵及控制单元更换与设定方案	
车辆信息描述	车辆描述	
	故障现象	
设备/工具/耗材要求		
安全要求及注意事项		
工作步骤		

三、实施

依据制定方案实施,并填写项目单,如表1-13所示。

表1-13　实训结果项目表

项　　目	检查结果	处理方法
泵体外观		
泵体通电		
电机电阻		
油管接口		

续 表

ABS泵测试		
ABS液压泵更换	油管接口是否安装到位	是□/否□
	泵体是否固定到位	是□/否□
	插接器是否安装到位	是□/否□
添加制动液和排气		

四、作业

1. 叙述ABS控制单元的工作原理。

2. 叙述ABS泵的结构组成。

项目4　ABS系统线路检查与维护

一、知识链接

1. ABS系统电路组成

ABS系统电路主要由传感器、制动开关、ABS电控单元、仪表、继电器、熔断丝及线路组成，如图1-33所示。

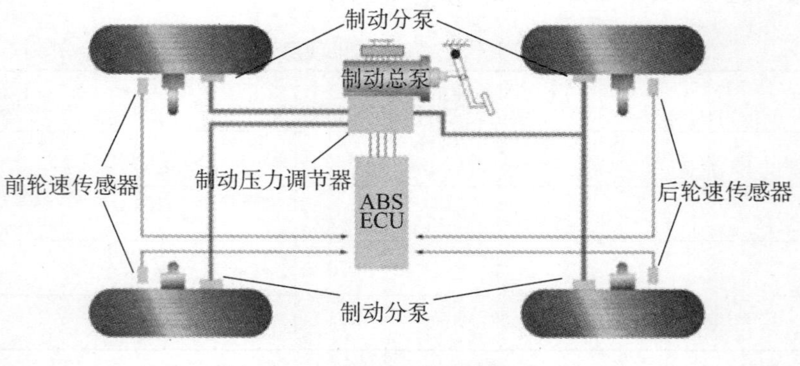

图1-33　ABS系统简易电路图

2. ABS 轮速传感器插接器检查

四个轮速传感器通过导线直接连接到 ECU，当通过电脑（诊断仪）诊断出某个轮速传感器断路、开路、短路等问题时，就需要对其进行检查。步骤如下：

（1）连接插头导线连接松动，如图 1－34 所示。

（2）连接插头导线碰伤、线束腐蚀，断裂，如图 1－35 所示。

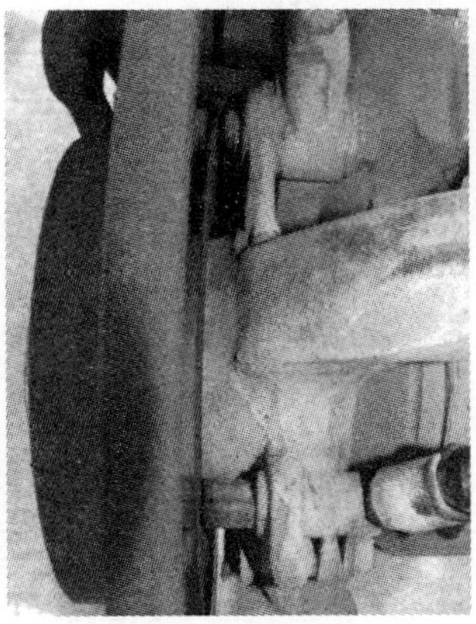

图1－34　连接插头导线连接松动

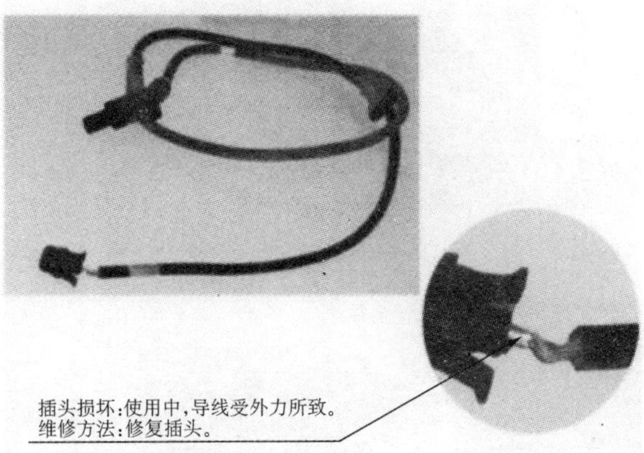

图 1－35　插头导线碰伤

3. ABS 控制继电器

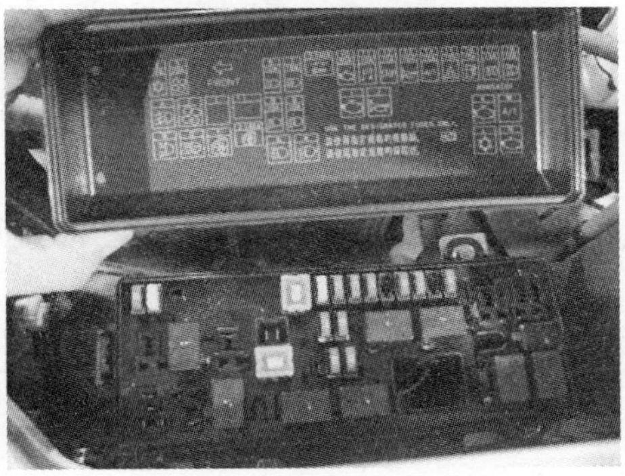

图 1－36　继电器和熔断丝盒

通过查找电路图或者打开车辆熔断丝盒盖板，查找检查 ABS 继电器和熔断丝，如图 1－36 所示。

在 ABS 系统中，一般有两个继电器，一个是灰色主电源继电器，另一个是棕色电动泵继电器。主电源继电器通过点火开关供给 ABS 电控单元电能。只要发动机起动 ABS 电控单元就会感知并起动系统自检程序，检查 ABS 系统是否良好。如果主电源继电器损坏，电控单元就会知道并让 ABS 系统停止工作（普通制动系统继续工作）直到主电源继电器修复为止。电动泵继电器主要给电动泵接通电源。当点火开关接通后，电流通过压力控制开关（接通状态）使电动泵继电器导通，控制电动泵的触点闭合，蓄电池直接给电动泵供电使其工作。如果电动泵继电器损坏或发生故障，电动泵就不能运行，必然导致整个系统压力下降而无法工作，此时车辆要停止运行，直到将电动泵继电器修复为止。

ABS 电控单元保护二极管可起到保护电控单元的作用。这个二极管装在主电源继电器和 ABS 故障指示灯之间，防止电流由蓄电池的正极通过主电源继电器直接流向电控单元而引起电控单元损坏。

4. 继电器和熔断丝检查

根据整车电气图，检查 ABS 继电器是否有松动，接触不良，如图 1－37 所示。拔下继电器，对 85 号脚和 86 号脚通电，用万用表检测 30 号脚与 87 号脚是否导通，检测继电器是否导通，如图 1－38 所示。

熔断丝如图 1－39 和图 1－40 所示。查阅维修资料，找到 ABS 系统熔断丝，直接测量熔断丝的导通性即可判断是否熔断。

图 1－37　继电器

图 1－38　30 号脚与 87 号脚

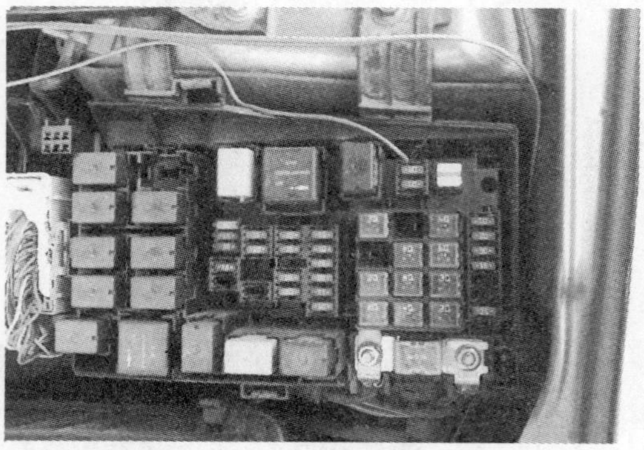

图 1－39　熔断丝盒

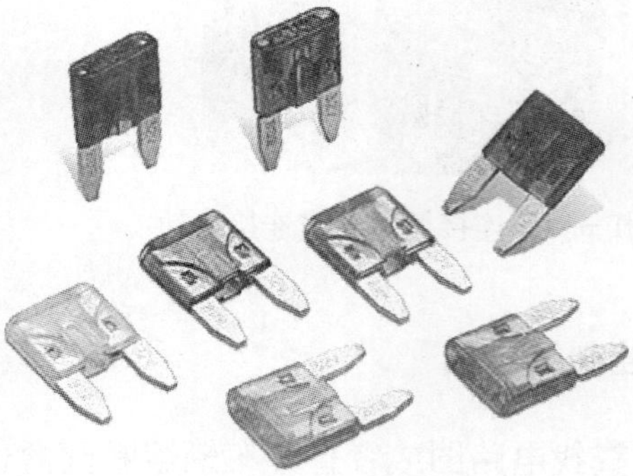

图 1－40　熔断丝

5. 线路插接器检查

ABS 电控单元插接器位置如图 1－41 所示，ABS 电控单元插接座针脚检查如图 1－42 所示。

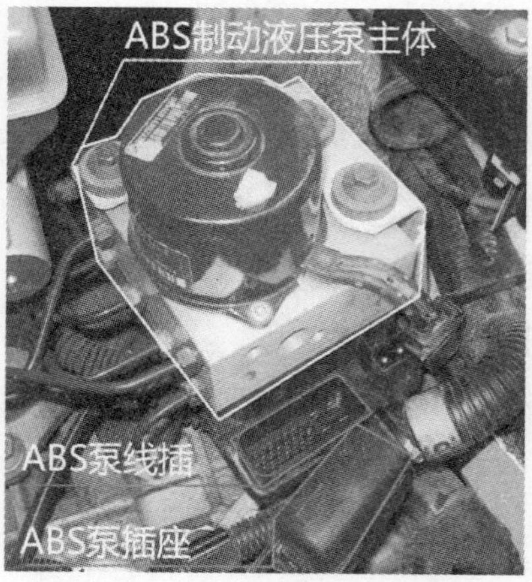

图 1－41　ABS 电控单元插接头

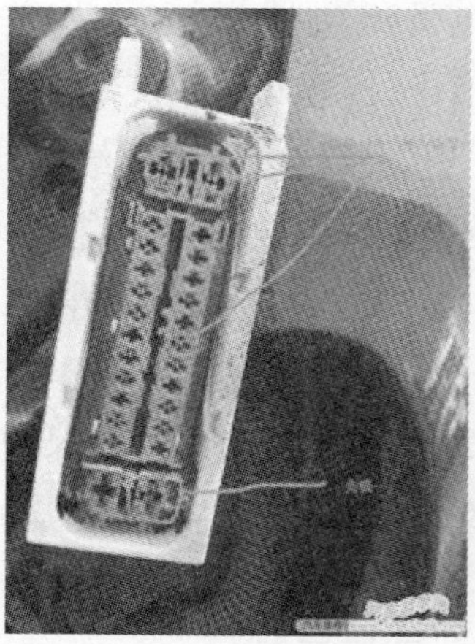

图 1－42　ABS 电控单元插接座

插接器外观检查包括是否腐蚀、生锈、针脚断裂、松动等。

6. 检查ABS搭铁是否良好

检查ABS搭铁线是否有松动，接触不良，搭铁点位置是否有改动等，如图1-43和图1-44所示。注意：不允许与加装的任何电器设备共用ABS搭铁点，不允许随意改动搭铁点位置。

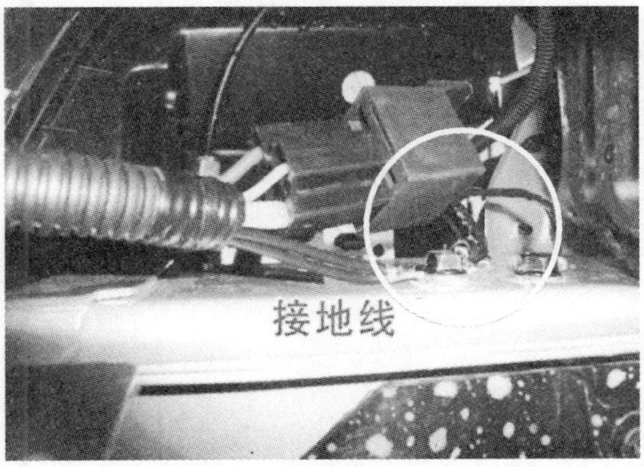

图1-43　ABS搭铁点

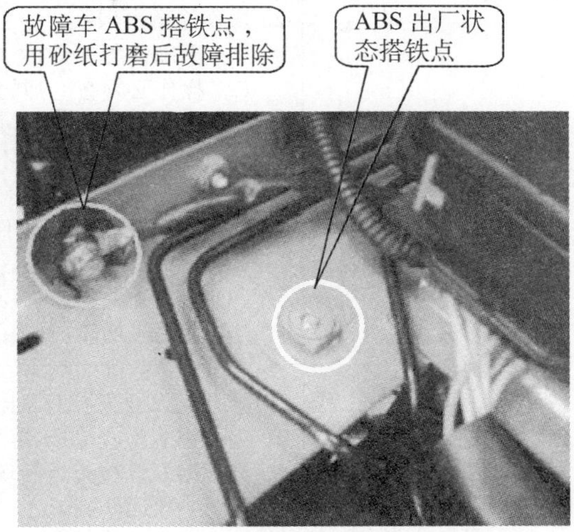

图1-44　原车搭铁点位置被改变

二、制定方案

根据情境导入中的案例，需要对ABS系统线路进行检查与维护。教师在组织教学的过程中，根据任务内容和所要操作的仪器及设备，制定大众帕萨特ABS系统线路的检查与维护方案，如表1-14所示。

表1-14　大众帕萨特ABS系统线路检查与维护方案

<table>
<tr><td></td><td colspan="2">大众帕萨特ABS系统线路检查与维护方案</td></tr>
<tr><td rowspan="2">车辆信息描述</td><td>车辆描述</td><td>大众帕萨特，行驶里程68 000 km，出厂时间：2006年3月</td></tr>
<tr><td>故障现象</td><td>该车在紧急制动时，偶发性出现ABS不工作，且故障灯点亮的现象</td></tr>
<tr><td>设备/工具/耗材要求</td><td colspan="2">设备：实训车辆、ABS系统台架；
工具：万用表、电脑检测仪器、一字螺丝刀、尖嘴钳；
耗材：抹布</td></tr>
<tr><td>安全要求及注意事项</td><td colspan="2">1. 安全要求：
（1）严格按照维修手册要求的流程进行操作；
（2）听从老师管理，禁止随意操作实训车辆、设备等；
（3）安全操作，禁止明火；
（4）注意劳动保护；
（5）断掉蓄电池线负极之前应准备好该车防盗及音响解除密码</td></tr>
</table>

续　表

	ABS系统线路检查与维护方案
安全要求及注意事项	2. 操作注意事项： (1) 正确使用工具； (2) 操作必须在老师的指导下进行； (3) 拆卸 ABS 电控单元插接器时要断开蓄电池负极； (4) ABS 台架运行时不能将手伸入台架内； (5) 举升机举升汽车前必须确认四个举升托架放在汽车的规定位置； (6) 举升机工作时人不能站在汽车底部； (7) 举升机举升到位后必须确保安全锁定机构起作用； (8) 点火开关接通时，不能连接或拔下检测仪的诊断插头，以防损坏检测仪器； (9) 万用表功能挡位开关必须放置正确的位置，以防损坏万用表
工作步骤	1. 打开点火开关至 ON 挡； 2. 用万用表检查 ABS 熔断丝及针脚是否正常； 3. 拔下熔断丝检查熔断丝是否存在熔断； 4. 拔下 ABS 继电器； 5. 用万用表欧姆挡检测 ABS 继电器是否损坏； 6. 断开蓄电池负极； 7. 拆卸 ABS 电控单元插接器插头和插座； 8. 检查插接器是否进水腐蚀； 9. 检查 ABS 搭铁是否牢固或者被更换位置； 10. 举升车辆； 11. 检查四轮轮速传感器线束及插接器是否破损、腐蚀、断裂； 12. 放下车辆

教师对学生进行分组，每组选出一个小组长。小组长根据小组成员任务分工不同，确定不同任务的责任人。小组成员任务的划分可以参考下面的小组任务分配表，如表 1－15 所示。

表 1－15　小组任务分配表

	小组任务	个人职责(任务)	小组成员
1	任务前期准备工作	准备该任务的设备、工具、耗材	
2	安全检查	主要负责工具设备使用情况和操作工作的安全监督	
3	ABS熔断丝检查	负责 ABS 熔断丝查找检查	
4	ABS继电器检查	负责 ABS 继电器查找检查	
5	ECU 线束插接器检查	负责 ABS 主要线束插接器检查维护	
6	ABS搭铁线检查	负责 ABS 搭铁线查找检查	
7	竣工检查工作	检查所有的设备器材是否齐全	

实训中如果没有该车型，可以参考大众帕萨特 ABS 系统线路检查与维护方案表，并查阅该车型的维修手册，制定该车型 ABS 系统线路检查与维护方案，如表 1－16 所示。

表 1－16 ABS 系统线路检查与维护方案表

<table>
<tr><td></td><td colspan="2">________乘用车 ABS 系统线路检查与维护方案</td></tr>
<tr><td rowspan="2">车辆信息描述</td><td>车辆描述</td><td></td></tr>
<tr><td>故障现象</td><td></td></tr>
<tr><td>设备/工具/耗材要求</td><td colspan="2"></td></tr>
<tr><td>安全要求及注意事项</td><td colspan="2"></td></tr>
<tr><td>工作步骤</td><td colspan="2"></td></tr>
</table>

三、实施

依据制定方案实施，并填写项目单，如表 1－17 所示。

表 1－17 实训结果项目表

ABS 继电器	85 号和 86 号脚通电后 30 号脚和 78 号脚是否导通	
ABS 熔断丝	熔断丝是否熔断	
插接器	是否进水腐蚀损坏	处理方法
控制单元	是□/否□	
熔断丝盒	是□/否□	
ABS 搭铁线	是□/否□	
左前轮速传感器	是□/否□	
右前轮速传感器	是□/否□	
左后轮速传感器	是□/否□	
右后轮速传感器	是□/否□	

四、作业

1. ABS轮速传感器插接器的故障有哪些？如何进行排查？

2. 查阅资料，叙述 ABS 中 ECU 的保护控制功能。

检查与评估

1. 学生自我检查

学生通过对本任务的学习，独立结合实训车辆填写学习情况检查表（表 1－18—表 1－22），以检测自己对本任务学习的掌握情况。

表 1－18　学习情况检查表（一）

警告灯	拔开制动液油壶上的制动液位传感器的插头	脱开 ABS 某个轮速传感器的插头	脱开 ABS 某号熔断丝	脱开制动踏板开关
ABS 警告灯	正常 常亮 一直不亮	正常 常亮 一直不亮	正常 常亮 一直不亮	正常 常亮 一直不亮
制动警告灯	正常 常亮 一直不亮	正常 常亮 一直不亮	正常 常亮 一直不亮	正常 常亮 一直不亮
驻车警告灯	正常 常亮 一直不亮	正常 常亮 一直不亮	正常 常亮 一直不亮	正常 常亮 一直不亮

表 1－19　学习情况检查表（二）

ABS 组成	传感器名称	
	控制器名称	
	执行器名称	
仪器诊断	故障码读取和清除	

表1－20　学习情况检查表(三)

检测项目	名称	外观检查	万用表或示波器检测	数值记录
传感器	电磁式传感器			
	霍尔传感器			
齿圈				
传感器更换步骤及注意事项				

表1－21　学习情况检查表(四)

检测项目	检测步骤	检测结果	处理方法
泵体外观检测			
通电检查			
仪器检测			
复装,试车			

表1－22　学习情况检查表(五)

检查部件	检查项目	处理方法
ABS继电器		
ABS熔断丝		
ECU插接器		
控制单元		
熔断丝盒		
ABS搭铁线		
轮速传感器		

2. 指导教师评估

指导老师在整个教学过程中,关注每个活动小组的工作过程以及小组成员的动手能力,并对小组成员的动手能力进行考核,填入表1－23。

表 1－23　指导教师评估表

	考核量化指标	分值(总分)	学生得分
1	能时刻注意保护操作部件安全	5	
2	能时刻注意自我的人身保护	5	
3	使用工具熟练程度	5	
4	能够积极完成本职工作	10	
5	能够熟练查询维修资料	10	
6	能够完成 ABS 自诊断检查和故障码读取	15	
7	能够完成轮速传感器及齿圈的检查	15	
8	能够完成 ABS 液压泵及控制单元检查	15	
9	能够完成 ABS 系统线路检查与维护	10	
10	能够完成学习情况检查表的填写	10	
总计			

学习情境 2　车身电子稳定系统诊断与维修

学习目标

1. 掌握 ESP 系统自诊断检查与故障码读取方法和步骤；
2. 掌握 ESP 各传感器检测的方法与更换步骤；
3. 掌握 ESP 控制器与执行器更换与设定方法

情境导入

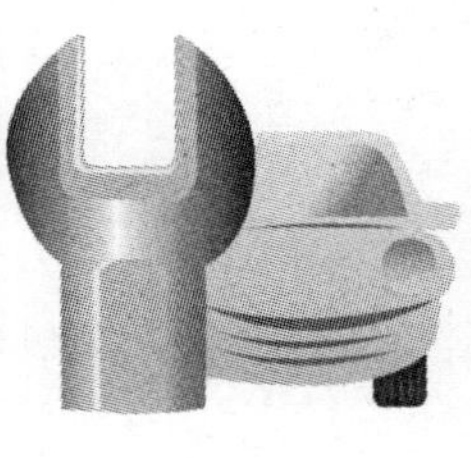

车　　型：奥迪 A4；

行驶里程：24 000 km；

出厂时间：2008 年 5 月。

故障现象：

车辆仪表显示 ESP 报警灯常亮，通过 ESP 系统按钮无法关闭

任务　ESP 故障灯常亮故障诊断与维修

任务描述

一、学习目标

1. 能够完成故障码的读取和清除；
2. 能够完成 ESP 系统的自诊断；
3. 能够完成各个传感器的检测和更换；
4. 能够完成 ESP 控制器与执行器更换

二、学习内容

1. 故障码读取和清除方法；
2. 故障自诊断的方法；
3. 各个传感器的检测方法；
4. 执行器和控制器的检测和更换方法

项目 1　ESP 系统自诊断检查与故障码读取

一、知识链接

1. ESP 车身电子稳定系统

ESP 是汽车的主动安全系统，ESP 在原有防抱死制动系统（ABS）、电子制动力分配（EBD）和牵引力控制（TCS）的基础上发展起来，如图 2－1 所示。ESP 电子车身稳定程序属于车辆的主动安全。

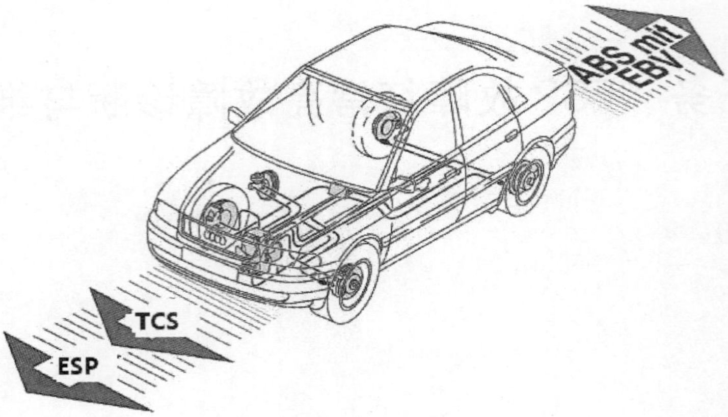

图 2-1　ESP 和 ABS、EBD、EDS 之间的关系

2. ESP 功能

ESP 能够识别车辆不稳定状态，并通过对制动系统、发动机管理系统和变速器管理系统实施控制，从而有针对性地弥补车辆滑动。由于大大提高了车辆行驶时的主动安全性能，人们也可称之为动态驾驶控制系统。

3. ESP 组成

ESP 电子部件主要包括电子控制单元（ECU）、转向盘传感器、纵向加速度传感器（一般装备于四驱车）、横向加速度传感器、横摆率速度传感器、轮速传感器制、动压力传感器。ESP 作为保证行车安全的一个重要电控系统，其各个传感器的正常工作是进行有效控制的基础，如图 2-2 所示。

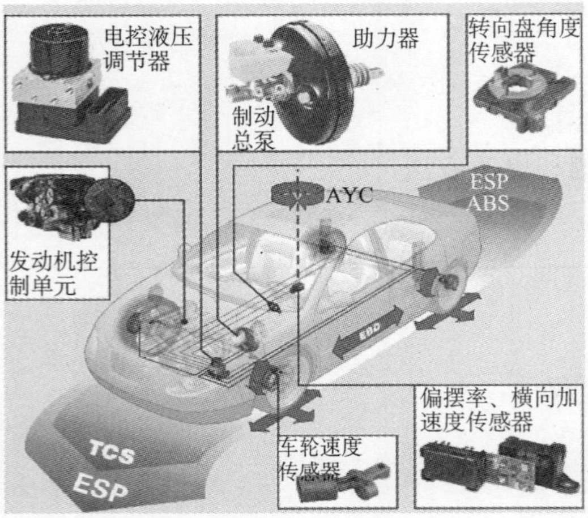

图 2-2　ESP 组成和各部件实车位置

图 2-3　躲避前方突然出现的障碍物

4. ESP 典型工作过程

当汽车正常行驶中，前方突然出现障碍物时，驾驶人紧急制动，猛打转向盘，车辆有转向不足的倾向。ESP 介入工作，增加左后轮制动压力，车辆按照转向意图行驶，恢复正常的行驶路线后，车辆有转向过度的倾向，在左前轮施加制动力，使车辆保持稳定，如图 2-3 所示。

当汽车连续高速急转弯行驶时，驾驶人往复急打方向，车辆有甩尾倾向。ESP介入工作，自动在左或者右前轮上施加制动力，车辆保持稳定，可以使汽车按照驾驶人的意图行驶，如图2－4所示。

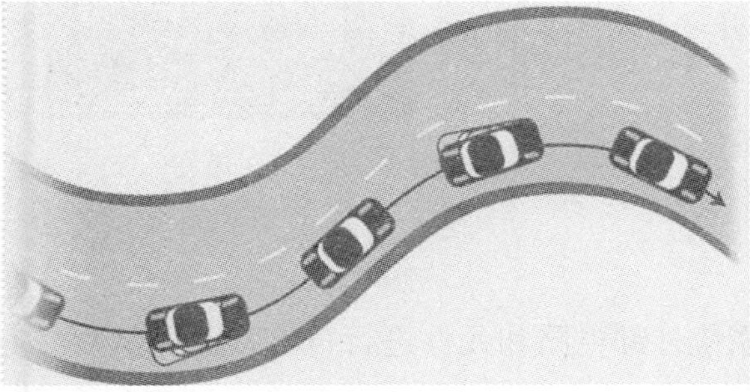

图2－4　在急转弯车道上高速行驶

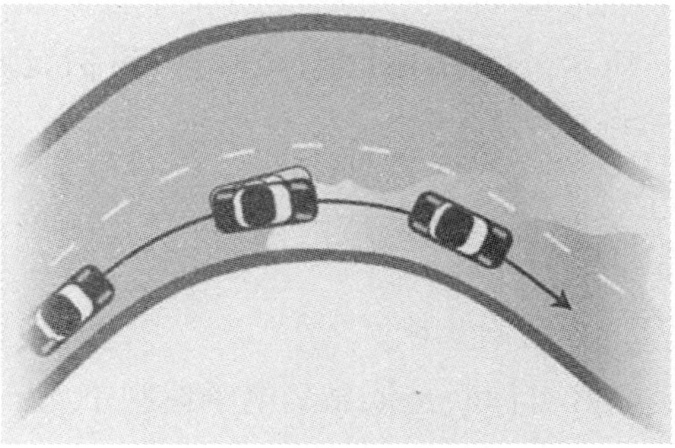

图2－5　在地面附着力不同的路面行驶

当汽车在地面附着力不同的路面行驶时，车辆表现出转向不足的趋势，即将跑偏。ESP发挥作用，增加后右轮制动力的同时，降低发动机输出扭矩，从湿滑路面驶入干燥路段时，车辆保持稳定，如图2－5所示。

5. ESP指示灯

车辆控制电脑通过仪表板上的ESP指示灯告知驾驶人ESP系统的工作状态，如图2－6所示。正常情况下，ESP指示灯应当在起动发动机后几秒内自动熄灭。如果仪表板上的ESP指示灯不熄灭，驾驶人应当根据情况按以下说明进行判断和处理：

1）ESP指示灯闪烁

原因是ESP系统被激活，表示该系统正在对汽车的动力性进行优化，从而提高车辆的转向稳定性。

2）ESP指示灯常亮

通常伴随一个声音信号，并在组合仪表盘屏幕上显示信息。

原因可能是ESP按钮被按下（可能位于仪表板中部），该按钮上的指示灯点亮，ESP系统被关闭。此时，驾驶人只需再次按下按钮，打开ESP系统即可使ESP灯熄灭，系统进入正常工作状态，同时ESP按钮上的指示灯熄灭。在车辆起动时，ESP系统自动投入运行。如果ESP系统被关闭，当车速大于50 km/h时，系统将自动打开。

如果ESP按钮没有被按下，按钮上的指示灯自行点亮，表明ESP系统存在故障，电脑同时可能存储了相应的故障码。驾驶人应当将车辆送到维修站进行检修。

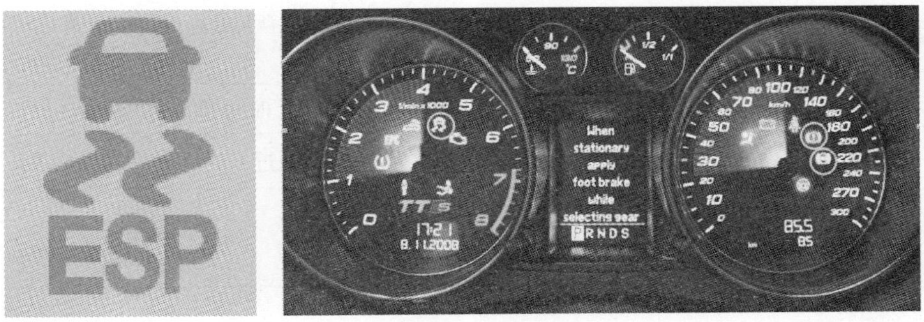

图2－6　ESP指示灯

6. ESP 开关

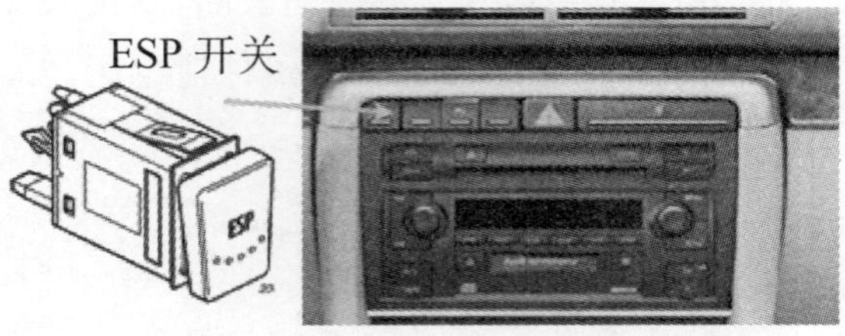

图 2-7　ESP 开关

通过 ESP 开关可以关闭和开启 ESP 系统，如图 2-7 所示。如果车速超过 50 km/h 时，即使 ESP 开关处于关闭状态，系统也会自动打开。

7. 系统自诊断和读取故障码

1）系统自诊断

ESP 自诊断是依靠其电子控制单元(ECU)对系统外部电路和元件进行自检，若发现异常，电脑则将其故障信息储存，并点亮 ESP 警告灯。ESP 的自检又包括静态(点火开关接通，汽车不行驶)和动态(汽车行驶)两种情况。

ESP 系统通过自诊断系统还可以详细掌握各部件的工作状态。用 V. A. S5051B 故障诊断仪进入相应通道来进行自诊断。ESP 系统中，自诊断功能可用：00，01，02，03，04，05，06，07，08，11 等数据流读取和分析。

2）故障码的读取

用 V. A. S5051B 故障诊断仪可以读取、清除故障码，还可以阅读数据流并进行液压控制单元电磁阀测试、电子稳定控制系统液压回路测试、系统排气测试等。因故障诊断仪为菜单提示操作，这些功能按故障诊断仪屏幕的提示操作即可完成。在对 ESP 进行检修之前，应先排除常规制动系统故障。

当清除完故障码后，一定要进行路试，ABS 和 ESP 灯熄灭，表明系统正常，如果二者没有熄灭，应读取故障码并排除故障，然后再进行路试；如果路试中止，则 ABS 和 ESP 警报灯依然点亮。

二、制定方案

根据情境导入中的案例，需要对 ESP 系统自诊断与故障码进行读取。教师在组织教学的过程中，根据任务内容和所要操作的仪器及设备，制定奥迪 A4 ESP 系统自诊断与故障码的读取方案，如表 2-1 所示。

表 2-1　奥迪 A4 ESP 系统自诊断检查与故障码读取方案表

	奥迪 A4 ESP 系统自诊断检查与故障码读取方案	
车辆信息描述	车辆描述	奥迪 A4，行驶里程 24 000 km，出厂时间：2008 年 5 月
	故障现象	车辆仪表显示 ESP 报警灯常亮，通过 ESP 系统按钮无法关闭
设备/工具/耗材要求	设备：奥迪 A4 一辆； 工具：V. A. G1551 或 V. A. S5051B；	

续 表

	奥迪 A4 ESP 系统自诊断检查与故障码读取方案
安全要求及注意事项	1. 安全要求： （1）正确使用举升设备； （2）听从老师管理，禁止随意操作实训车辆、设备等； （3）安全操作，禁止明火； （4）注意劳动保护。 2. 操作注意事项： （1）正确使用检测诊断仪器； （2）检测时保证蓄电池电压必须在 10.5 V 以上； （3）未经许可不能发动车辆； （4）自诊断操作时熔断丝完好； （5）点火开关接通时，不能连接或拔下检测仪的诊断插头，以防损坏检测仪器
工作步骤	1. 打开车辆点火开关至 ON 挡； 2. 观察各仪表指示灯是否长亮； 3. 观察 ESP、ABS、制动系统自检过程； 4. 打开或关闭 ESP 开关查看仪表指示灯是否点亮； 4. 使用 V. A. G1552 或 V. A. S5051 读取制动系统故障码； 5. 记录故障码； 6. 查询故障码所对应的故障部位； 6. 清除故障码； 7. 将汽车起动，行驶一段时间后，观察故障等是否点亮； 8. 使用 V. A. G1552 或 V. A. S5051 按照屏幕提示，按步骤进行操作，进入通道：00，01，02，03，04，05，06，07，08，11，进行 ESP 系统各部件自检； 9. 进行路试，试车

教师对学生进行分组，每组选出一个小组长。小组长根据小组成员任务分工不同，确定不同任务的责任人。小组成员任务的划分可以参考下面的小组任务分配表，如表 2-2 所示。

表 2-2　小组任务分配表

	小组任务	个人职责（任务）	小组成员
1	任务前期准备工作	准备该任务的设备、工具、耗材	
2	安全检查	主要负责工具设备使用情况和操作工作的安全监督	
3	车辆仪表自检	负责仪表自检中 ESP、ABS、制动系统检查	
4	故障码读取	负责使用诊断仪器读取故障码	
5	使用仪器，进行系统自检	负责使用仪器，进行系统自检	
6	进行路试，测试车辆	负责路试，测试车辆	
7	竣工检查工作	检查所有的设备器材是否齐全	

实训中如果没有该车型，可以参考奥迪 A4 ESP 系统自诊断检查与故障码读取方案表，并查阅该实训车型的维修手册，制定该车型 ESP 系统自诊断与故障码读取方案，如表 2－3 所示。

表 2－3　ESP 系统自诊断检查与故障码读取方案

	________乘用车 ESP 系统自诊断检查与故障码读取方案	
车辆信息描述	车辆描述	
	故障现象	
设备/工具/耗材要求		
安全要求及注意事项		
工作步骤		

三、实施

依据制定方案实施，并填写项目单，如表 2－4 所示。

表 2－4　实训结果项目表

车型：	
项　　目	检查情况
ABS 故障指示灯	是否点亮：
制动系统指示灯	是否点亮：
ESP 系统指示灯	是否点亮：
仪器诊断	是否存在故障码：
	故障码：
	仪器清除故障码步骤：

续　表

检测仪通道	名　称
00	
01	
02	
03	
04	
05	
06	
07	
08	
11	
路试	

四、作业

1. 简单说明 ESP、ABS、EBD 和 TCS 之间的关系。

2. 如果 ABS 系统出现故障，ESP 能否继续工作？为什么？

项目2　ESP 各传感器检测与更换

一、知识链接

ESP 其传感器主要包括转角传感器、横摆率速度传感器、轮速传感器、横向加速度传感器、纵向加速度传感器（四驱车）、制动压力传感器，如图 2-8 所示。ESP 作为保证行车安全的一个重要电控系统，其各个传感器的正常工作是进行有效控制的基础。

1. 转角传感器

1）作用

转向传感器位于组合开关总成内，用于检测汽车转弯的方向和转弯的角度等信号。

2）类型及工作原理

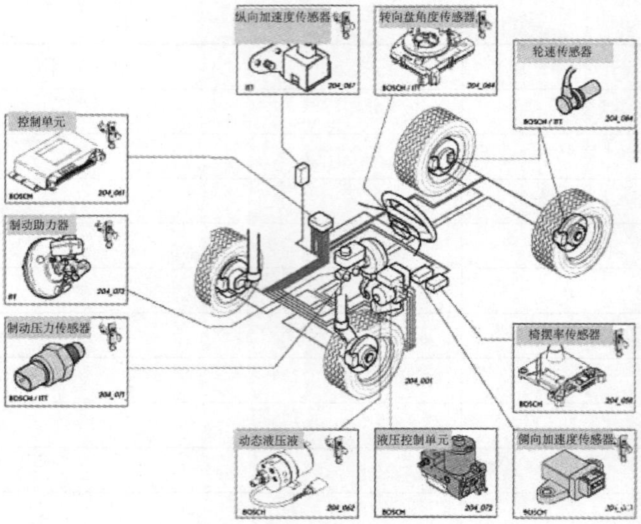

图 2-8　ESP 传感器基本组成

(1) 齿轮式转向盘转角传感器

转向盘转角传感器位于转向盘下面，转向盘转角传感器提供表示转向盘旋转角度的输出信号。由于 2 只测量齿轮的齿数不同，故产生不同相位的两个转角信号，即能产生一个可表示 ± 720°转向盘旋转角度的输出信号，电子控制单元利用这个信息计算出驾驶人所要求的方向。控制单元通过转向盘转角传感器与横摆率传感器信号的比较，确定车辆实际行驶轨迹与驾驶要求是否一致，判断是否让 ESP 系统进入工作状态。

(2) 光电式转向盘转角传感器

光电式转向盘转角传感器安装在转向柱上。传感器内有两个发光二极管(LED)和与之相匹配的两个光敏晶体管，安装两对光敏元件是为了区分出转向柱的转动方向。当转向盘转动时，转向柱上的一个带槽的遮光盘在发光二极管和光敏晶体管之间转动。遮光盘一般有 20 个槽，两槽之间间隔为 9°。当发光二极管在导电时可发光并照到光敏晶体管上，此时光敏晶体管产生电压信号，与转向盘转动量和转动速度有关的信号从转向传感器送到 ESP 控制单元。

(3) 奥迪 A4 转角传感器

奥迪 A4 的转角传感器安装在转向柱上，转向开关与转向盘之间，与安全气囊时钟弹簧集成为一体，如图 2-9 所示。向带有 EDL/TCS/ESP 的 ABS 控制单元传递转向盘转角信号。测量范围为 ± 720°，测量精度为 1.5°；分辨速度：2～2 000°/s。转角传感器是 ESP 系统中唯一一个直接由 CAN-BUS 系统向控制单元传递信号的传感器。打开点火开关后，转向盘被转动 4.5°(相当于 1.5 cm)，传感器进行初始化。

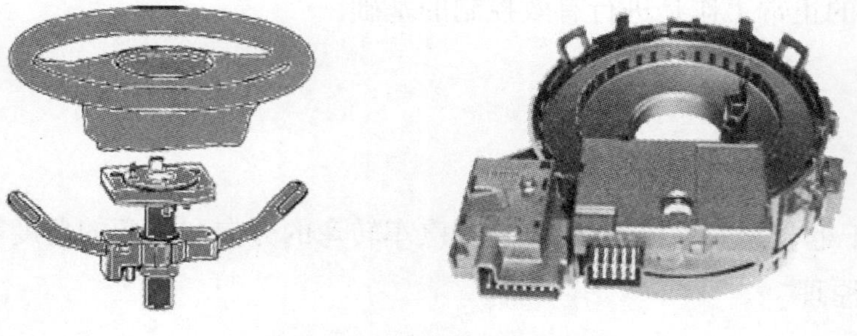

图 2-9　奥迪转角传感器

制动控制系统与转向助力电控系统共用一个转向盘转角传感器，其信号通过 CAN 总线传送给制动电控单元。

3）转角传感器检测及设定

（1）检测电路及电路参数

转向角度传感器的电路如图 2－10 所示。传感器工作电压为 12 V，输出信号为矩形脉冲。

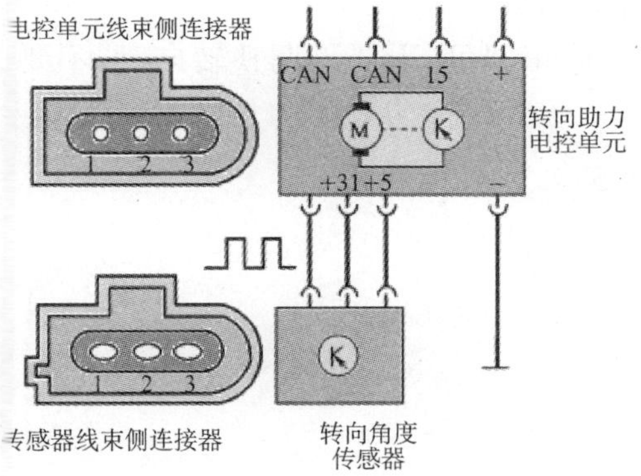

图 2－10　电路参数

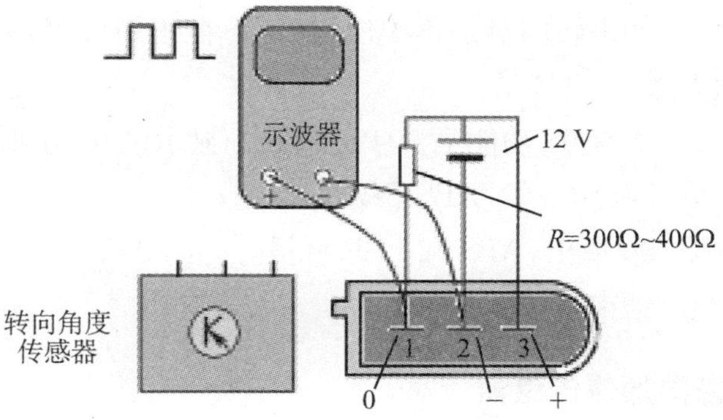

图 2－11　示波器检测波形

点火开关至 OFF 挡，脱开转向角传感器的线束连接器，在传感器 3、2 端子施加蓄电池电压（12 V），转动转向盘，用示波器检测 1 号端子的波形应如图 2－11 所示；否则应进行更换。

（2）检测转向角度传感器连接线路

点火开关至 OFF 挡，脱开转向角度传感器线束两端的连接器，用万用表检测两连接器对应端子 3－1、2－2、1－3 之间的电阻及端子对地电阻，检测结果应如图 2－12 所示；否则应进一步检测导线有无短路、断路或搭铁故障。

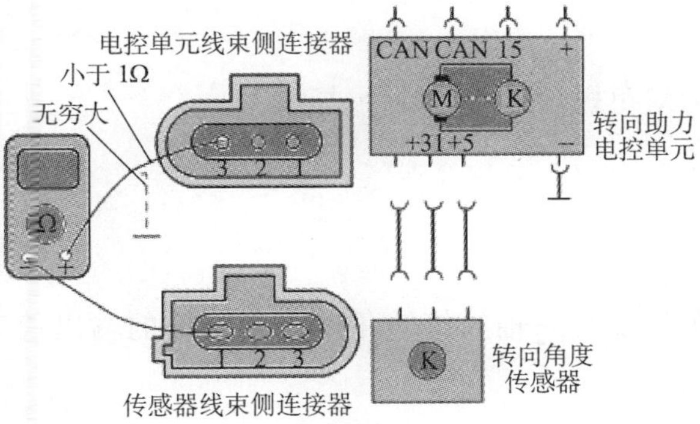

图 2－12　检测连接线路

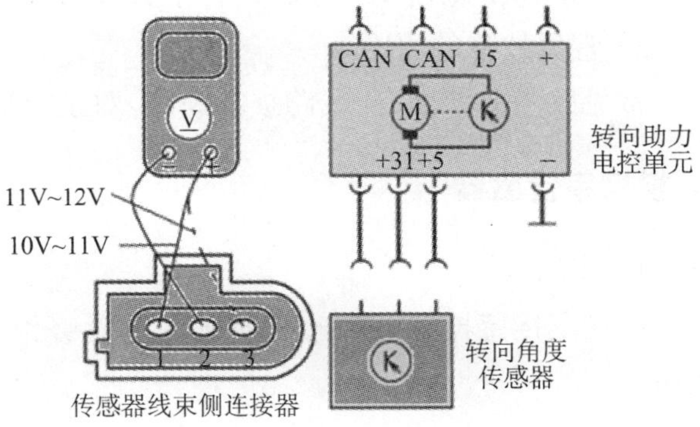

图 2－13　检查供电电压

（3）检测转向角度传感器供电电压

装回电控单元端线束连接器，点火开关至 ON 挡，用万用表测量传感器端线束连接器相应端子之间的电压，检测结果应如图 2－13 所示；否则应进一步检测电控单元连接器是否接触不良或电控单元是否工作正常。

（4）转角传感器设定

转角传感器发生电路断电（如拔过插头）、更换转向角度传感器或者更换 ECU 以后，都需要对该传感器进行初始化设定，在奥迪车型中进行完初始化设定后还要对控制单元进行编码后才能解决该问题。初始化设定操作其实很简单，有多种方法，其中一种方法是把点火开关至 ON 挡，将转向盘从左打到右转到底，反复左右转圈，完成设定。很多车型通过 30 km 的路试就可以完成初始化过程，路试要求行驶路面有一定的弯路，进行多次转向。步骤如下：

① 连接 V. A. G1551 或 V. A. S5051B 进入 03 地址；

② 登录 11Q，40168Q(做多项调整时，只需登录 1 次)；

③ 起动车辆，在平坦路面试车，以不超过 20 km/h 车速行驶；

④ 如果转向盘是正中位置(若不在正中位置，调整)，停车即可，不要再调整转向盘，不要关闭点火开关；

⑤ 检查 08 功能下 004 通道第一显示区 0°(手册 ± 4. 5)；

⑥ 04Q，060Q，ABS 警告灯闪亮；

⑦ 06 退出，ABS 和 ESP 警报灯亮约 2 s；

⑧ 结束。

2. 横向加速传感器

1) 作用

横向加速度传感器根据车轮横向滑移量产生对应的输出信号电压。当车辆行驶中进行转向，产生横向加速度时，传感器内的软棒发生变形，横向加速度越大则变形就越大。软棒的变形切割磁场，由电容监测器监控磁场的变化，并产生一个信号发到电子分析电路，电子分析电路则发出相应的电压到 ESP 的 ECU，ECU 依此来判断车辆的实际横向加速度。没有此信号，控制单元不能识别车辆是否发生转向，ESP 功能失效。

2) 安装位置

横向加速传感器安装于转向柱下方偏右侧，与横摆率传感器集成为一体。

3) 常见故障的原因

常见故障的原因有：线路损坏断路，对正极短路，对负极短路，传感器损坏。

3. 横摆率传感器

1) 作用

横摆率传感器如图 2－14 所示。它能够根据车辆绕其纵轴的旋转角度产生对应的输出信号电压。

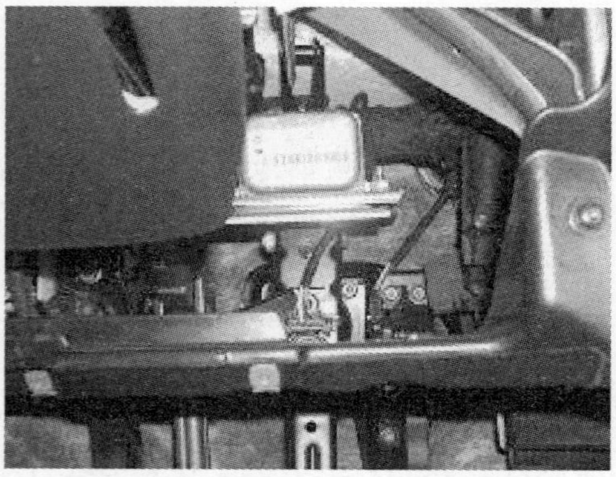

图 2－14　横摆率传感器

ESP控制单元利用横摆率传感器和横向加速度传感器输出的这两个传感器信号，计算出车辆的实际行驶状态，再结合车轮速度传感器的输出信号和转向盘转角传感器的串行数据输出信号，确定控制目标。如果ECU接收不到此信号，将无法识别车辆状态，ESP失效。

2）常见故障的原因

常见故障的原因有：线路损坏断路，对正极短路，对负极短路，传感器有不可靠信号。

3）横摆率传感器检测与设定

（1）检查连接线路

点火开关至OFF挡，脱开横摆率传感器线束连接器和电控单元线束连接器。用万用表分别检测相应端子X1－6—X1－15、X1－5—X1－20、X1－4—X1－16、X1－3—F27、X1－2—X1－37、X1－1—X1－18之间及任一端子对地的电阻，检测方法及结果如图2－15所示；否则应进一步检测有关线路是否短路、断路或搭铁故障。

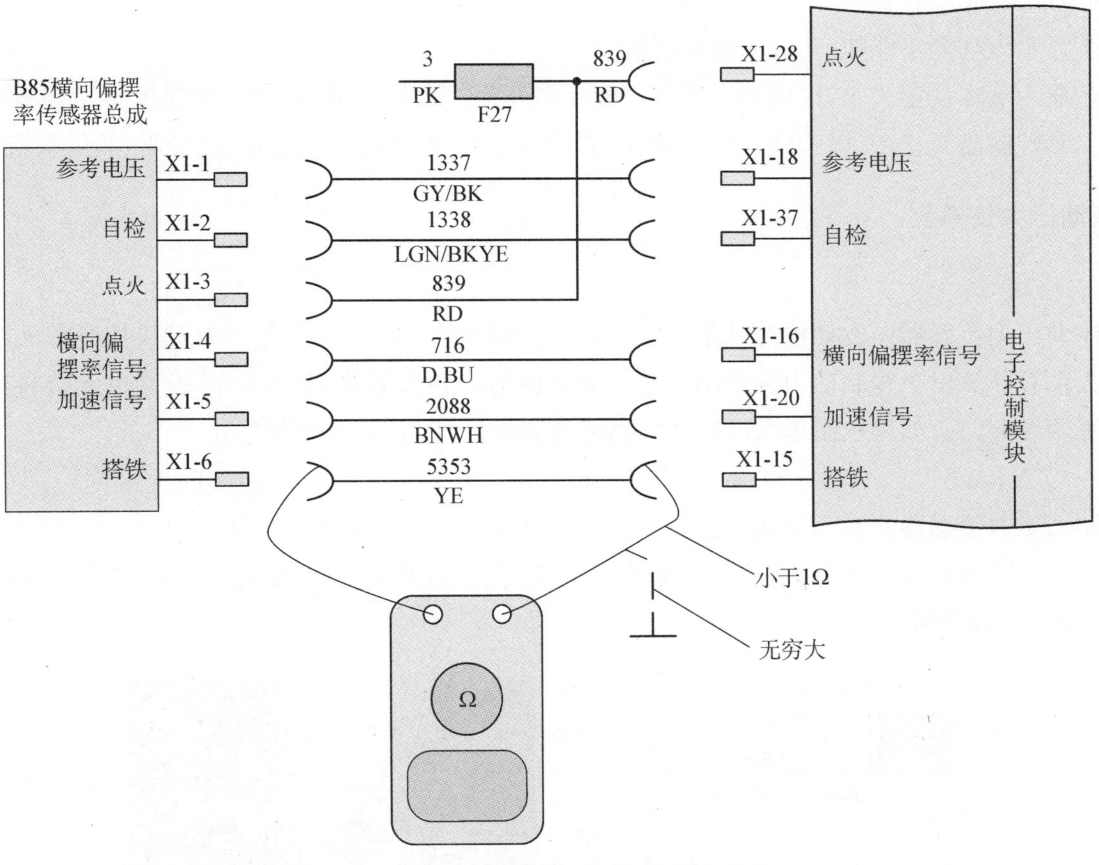

图2－15　检查连接线路、电压、供电电路

（2）检测横摆率传感器供电电路

装回电控单元线束连接器，保持传感器线束连接器脱开，点火开关至ON挡。用万用表分别检测X1－1—X1－6、X1－3—X1－6、X1－4—X1－6、X1－5—X1－6之间的电压，如图2－15所示；否则应进一步检测电控单元线束连接器是否接触不良或电控单元有无电压输出或继电器电路有无故障。

（3）检测横摆率传感器输出信号电压

装回横摆率传感器线束连接器，点火开关至ON挡，用万用表检测X1－4—X1－6、

X1－5—X1－6之间的电压，如图 2－15 所示。

当汽车静止时，电压应为 2.5 V；汽车行驶在横摆状态时，电压应在 0～5 V 之间变化；否则应进一步检测传感器线束连接器是否接触不良或传感器是否损坏。

(4) 横摆率传感器设定

更换传感器后试车查看故障灯是否点亮，点亮通过 V. A. S5051 做引导性故障导航，对传感器做基本设定。或者查询到标准的参数，直接对横向加速度传感器 G200 零点平衡：

① 将车停在水平面上；

② 连接 V. A. G1551 或 V. A. S5051 进入 03 地址；

③ 登录 11Q，40168Q；

④ 04Q，063Q；ABS 警报灯闪亮；

⑤ 结束 06 退出；

⑥ ABS 和 ESP 警报灯亮约 2 s；

若显示该功能不能执行，说明登录有误。

若显示基本设定关闭，说明超出零点平衡允许公差。读取 08 数据块(004 通道第二显示区静止时±1.5；转向盘至止点，以 20 km/h 车速左/右转弯，测量值应均匀上升)及故障码，然后重新进行。

4. 制动压力传感器

1）作用

制动压力传感器向发动机控制单元提供制动管路内的实际压力信号。发动机控制单元根据这个压力信号计算出车轮制动力及作用在车上的纵向力。如果需要 ESP 工作，控制单元会将此值用于计算侧导向力。如果控制单元没有接收到传感器的信号，那么 ESP 就停止工作了。

2）安装位置

制动压力传感器安装在制动主缸上，或者在 ABS 液压系统控制单元中。

为最大限度地保证安全，有些系统采用了 2 个传感器(双重保障，实际 1 个就够用，本车采用 1 个)，如图 2－16 所示。

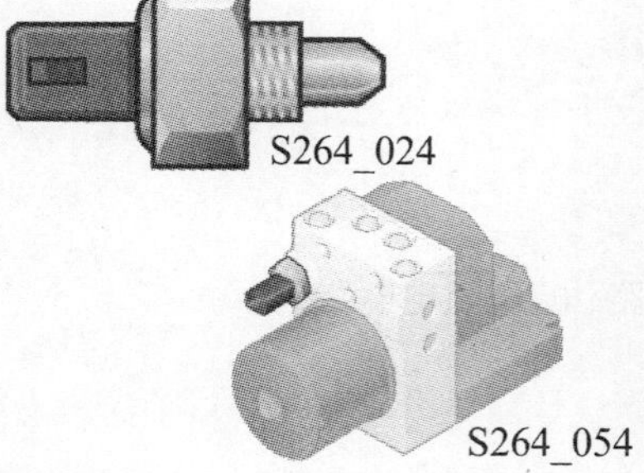

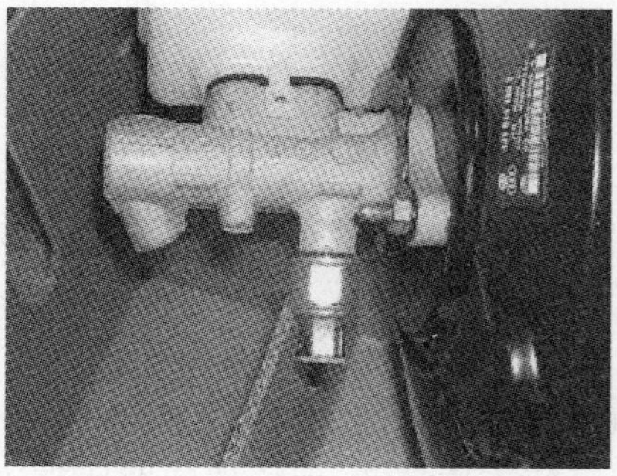

图 2－16　制动压力传感器

3）工作原理

两个电极间的间隙 S，存在固定的电容量 C。也就是说，它能感知电容内电量的变化。一个极固定，另一个极能在制动压力的作用下移动，如图 2－17 所示。

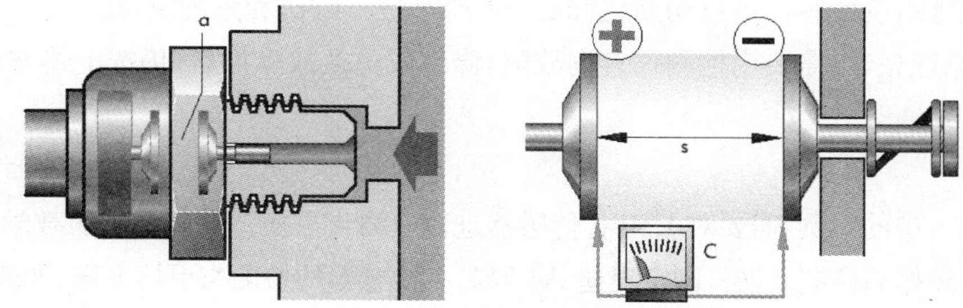

图 2-17 制动压力传感器工作原理

4）制动压力传感器的检测与设定

（1）检测

使用万用表检测两个端子，踩踏制动踏板。当系统压力上升时，观察输出电压是否发生变化。如果制动压力下降，移动电极复位。电压的变化量间接反映出压力的变化量，如图 2-18 所示。

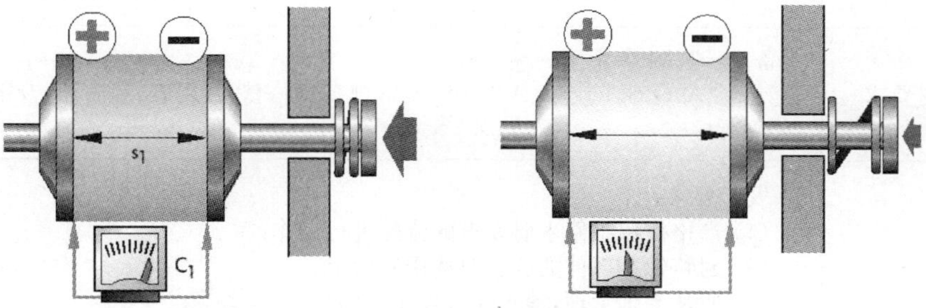

图 2-18 制动压力传感器检测

（2）传感器基本设定

在更换制动压力传感器后需要先试车检查。

① 连接 V. A. G1551 或 V. A. S5051 进入 03 地址；

② 不要踩制动踏板；

③ 进入 08 阅读测量数据块 005 通道检查第一显示区正负 7 bar；

④ 进入功能码 11 输入 40168；

⑤ 按 04Q，066Q；ABS 警报灯闪亮；

⑥ 按 06 退出，ABS 和 ESP 警报灯亮约 2 s。

5. ESP 路试检查

每次 ESP 系统的电气元件拆下或更换后，必须进行路试。ESP 路试检查 ESP 系统各个传感器的可靠性（侧向加速度传感器 G200，横摆率传感器 G202 和制动压力传感器 G201，转向盘角度传感器 G85）。注意：对 ESP 系统的路试一旦开始，就不能中止，必须全部进行完毕。步骤如下：

控制单元编码——07：更换 ESP 控制单元 J104 或转向盘角度传感器 G85 后，必须对 ESP 系统重新进行编码。

（1）输入功能码 11——登录；

（2）输入功能码 07 一编码表；

(3) 对转向盘角度传感器进行初始化标定，对 ESP 进行路试和系统测试。

如 ESP 故障灯亮，则需要用检测仪查询故障，修理或更换故障件后，仍按上述方法进行维护。

二、制定方案

根据情境导入中的案例，需要对 ESP 各传感器进行检测与更换。教师在组织教学的过程中，根据任务内容和所要操作的仪器、设备，制定奥迪 A4 ESP 各传感器的检测与更换方案，如表 2-5 所示。

表 2-5　奥迪 A4 ESP 各传感器检测与更换方案表

	奥迪 A4 ESP 各传感器检测与更换方案	
车辆信息描述	车辆描述	奥迪 A4，行驶里程 24 000 km，出厂时间：2008 年 5 月
	故障现象	车辆仪表显示 ESP 报警灯常亮，通过 ESP 系统按钮无法关闭
设备/工具/耗材要求	设备：奥迪 A4 乘用车一辆； 工具：V. A. G1551 或 V. A. S5051B、常规工具一套、万用表、示波器、专用转向盘拉马； 耗材：无	
安全要求及注意事项	1. 安全要求： (1) 严格按照维修手册要求的流程进行操作； (2) 对特殊零部件的拆解要使用专用工具； (3) 听从老师管理，禁止随意操作实训车辆、设备等； (4) 安全操作，禁止明火； (5) 注意劳动保护。 2. 操作注意事项： (1) 正确使用工具； (2) 操作必须在老师的指导下进行； (3) 严格按要求进行拆卸项目作业； (4) 对转向盘的拆解要使用专用工具； (5) 在拆卸前必须要对车辆蓄电池进行断电； (6) 拆装不要损坏传感器； (7) 更换传感器后必须要对传感器校正	
工作步骤	1. 断开蓄电池负极； 2. 拆卸驾驶人侧主安全气囊； 3. 断开气囊电缆； 4. 拆卸转向盘(做记号)； 5. 拆卸转向管柱护板； 6. 断开转角传感器电缆，按照知识链接操作步骤，检测该传感器是否良好，若损坏，应更换新的转角传感，后进行传感器设定； 7. 拧下固定横摆率传感器螺钉，拔下传感器电缆，按照知识链接操作步骤，检测该传感器是否良好，若损坏，应更换新的转角传感器； 8. 拔下制动压力传感器线束插头，按照知识链接操作步骤，使用万用表检测其电容变化，若不符合标准，应更换新的传感器； 9. 安装拆卸的反顺序安装； 10. 接通蓄电池负极； 11. 接入 V. A. S5051B，按照知识链接操作步骤，进行各传感器的设定； 12. 进行路试，试车	

教师对学生进行分组，每组选出一个小组长，小组长根据小组成员任务分工不同，确定不同任务的责任人。小组成员任务的划分可以参考下面的小组任务分配表，如表 2－6 所示。

表 2－6　小组任务分配表

	小组任务	个人职责(任务)	小组成员
1	任务前期准备工作	准备该任务的设备、工具、耗材	
2	安全检查	主要负责工具设备使用情况和操作工作的安全监督	
3	拆卸转向盘，安全气囊	负责拆卸转向盘，安全气囊	
4	检测、更换转角传感器	负责检测、更换转角传感器	
5	转角传感器设定	负责转角传感器设定	
6	检测、更换横摆率传感器	负责检测、更换传感器	
7	检测、更换制动压力传感器	负责检测、更换传感器	
8	进行路试，试车	负责路试，试车	
9	竣工检查工作	检查所有的设备器材是否齐全	

实训中如果没有该车型，可以参考奥迪 A4 ESP 各传感器检测与更换方案表，并查阅该实训车型的维修手册，制定该车型 ESP 各传感器检测与更换方案，如表 2－7 所示。

表 2－7　ESP 各传感器检测与更换方案

	________乘用车 ESP 各传感器检测与更换方案	
车辆信息描述	车辆描述	
	故障现象	
设备/工具/耗材要求		
安全要求及注意事项		
工作步骤		

三、实施

依据制定方案实施，并填写项目单，如表 2-8 所示。

表 2-8　实训结果项目表

传感器	图示	检测步骤	结果记录
转角传感器			
横摆率传感器			
制动压力传感器	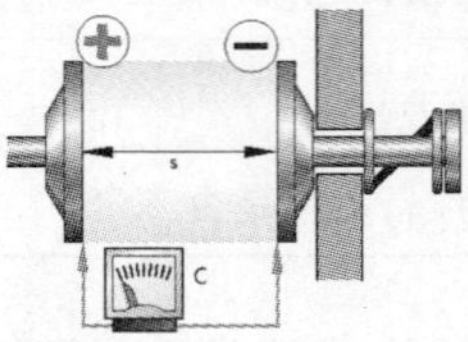		

四、作业

1. ESP 系统包含的传感器有哪些？各有哪些作用？

2. 自行查阅资料，写出纵向加速度传感器的安装位置、工作原理。

项目 3　ESP 控制单元与 ESP 泵更换与设定

一、知识链接

1. ESP 控制单元

ESP 控制单元将传感器采集到的数据进行计算，得出车身状态然后跟存储器里面预先设定的数据进行比对。当电脑计算数据超出存储器预存的数值，即车身临近失控或者已经失控的时候则命令执行器工作，以保证车身行驶状态能够尽量满足驾驶人的意图，如图 2－19 所示。一般带有 ESP 的车辆，其控制单元与 ESP 液压泵一起。也有部分车型 ESP 控制单元与泵体分开，位于车辆副驾驶座椅下或者右前脚坑内。

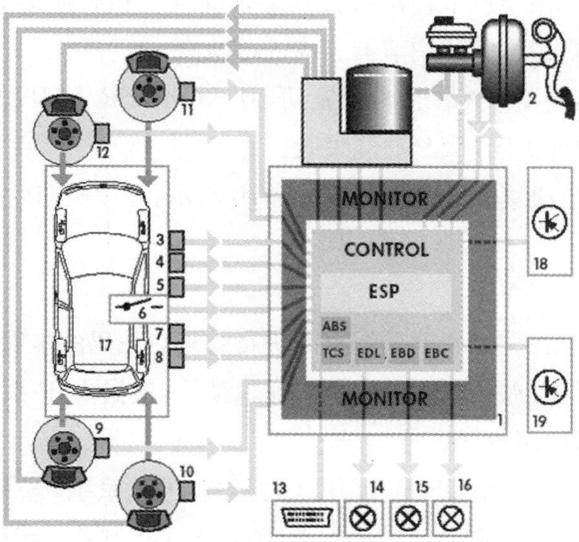

图 2－19　ESP 控制单元

2. ESP 液压泵

ESP 液压泵与 ABS 等其他系统共用一个泵体，液压单元与之前的 ABS 液压单元相比，增加了四个控制阀，分别是：

(1) 驾驶动态控制转换阀－1－N225；

(2) 驾驶动态控制转换阀－3－N226；

(3) 驾驶动态控制高压进油阀－1－N227；

(4) 驾驶动态控制高压进油阀－3－N228。

液压调节器总成能独立控制各车轮的制动回路，系统采用了前/后分离的 4 通道回路结构，每个车轮的液压制动回路都是隔离的，这样当某个制动回路出现泄漏时仍能继续制动。液压调节器总成根据电子控制单元(ECU)发送的控制信号调节制动液压力。液压调节器总成包括回油泵、电机、储能器、进油阀、出油阀、控制阀和后高压阀等部件，如图 2－20 所示。

图 2－20　ESP 液压泵

3. ESP 液压泵检查与设定

1）检查

首先进行常规检查：检查保险、电线插座、是否漏油等。

电子控制单元(ECU)和液压调节器总成检修是系统维护和故障诊断的主要组成部分，应按技术标准对电子控制单元(ECU)和液压调节器总成进行检修。

电控单元出现故障后，制动系统保持常规制动，但 ABS/ASR/ESP 功能均失效。当电磁阀功能出现不可靠故障时，系统整体关闭，ESP 功能失效。

电子控制单元和液压总成集成为一体，如图 2－20 所示，在保修期内，不要拆解电子控制单元和液压总成。

2）控制单元编码

更换 ESP 控制单元后，必须对 ESP 系统重新进行编码。编码的步骤如下：

方法一：连接诊断仪器 V. A. S5051B，选择正确车型后，根据 ESP 系统故障码进入引导性故障导航，根据检测提示步骤对控制单元进行编码。

方法二：连接诊断仪器 V. A. S5051B，打开点火开关，进入系统，选择登录(11)，输入登录密码 40168Q9(需要查询资料)；选择控制单元编码功能(07)，输入控制单元编码(需要查询资料)；对转向盘角度传感器进行初始化标定，对 ESP 进行路试和系统测试。

3）ESP 起动检测

ESP 检测用于检查信号的可靠性(G200，G202，G201)，拆卸或更换 ESP 部件后，必须进行 ESP 检测。检测的步骤如下：

(1) 连接 V. A. G1551 或 V. A. S5051，打开点火开关，进入 03 地址；

(2) 进入 04 基本设定，选择 093 通道，按 Q；

(3) 显示屏显示 on，ABS 警报灯亮；

(4) 拔下自诊断插头，起动发动机；

(5) 用力踩下制动踏板(制动力应大于 35 bar)，直到 ESP 警报灯 K155 闪亮；

(6) 以 15～30 km/h 试车，时间不超过 50 s，行车时应保证 ABS、EDS、ASR、ESP 不起作用；

(7) 转弯并保证转向盘转角大于 90°；

(8) ABS 警报灯和 ESP 警报灯熄灭，则 ESP 检测顺利完成。

若 ABS 灯不灭，说明 ESP 检测未顺利完成；若 ABS 灯不灭且 ESP 灯亮起，应查询故障码。

4）读取数据流

用专用诊断仪 V. A. G1552 或 V. A. S5051B 可以读取系统的数据，并可以根据数据判断系统的工作状态和分析各传感器是否工作正常，进入“03”地址，选择“08”功能，输入相应的通道号即可以读取相应的数据，如图 2－21—图 2－27 所示。

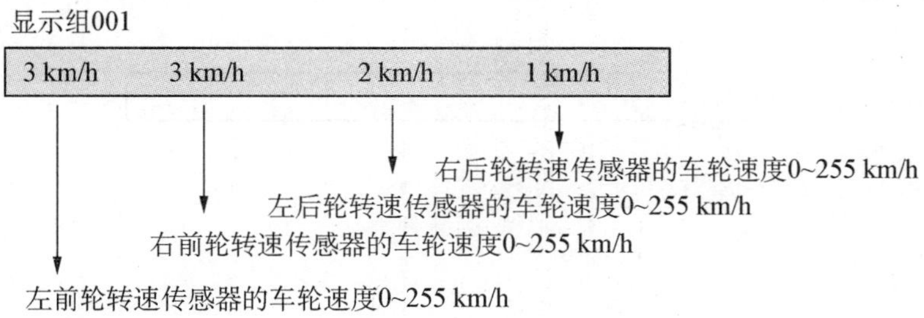

注：显示车轮瞬时速度，可用于检查转速传感器与车轮的匹配。

图 2－21　显示组 001

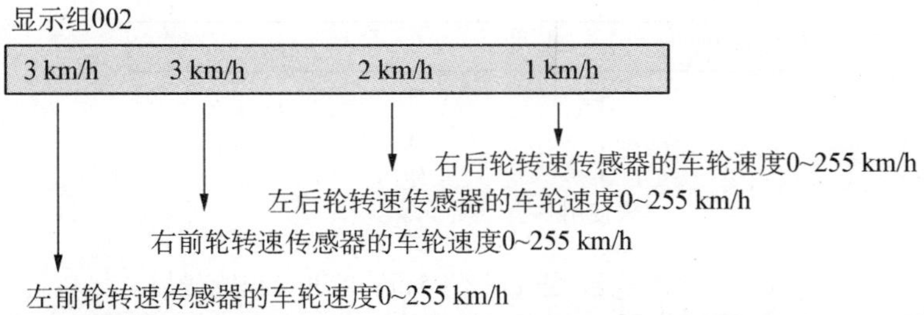

注：车在缓慢起步时，读取002通道的值。控制单元存储转速传感器第一批可用电压信号，并将其作为固定值显示在数据块中。如果1、2区显示值偏差大于6, 3、4区显示值偏差大于2，则可能：

①传感器与转子间的间隙过大；
②传感器与转子有外伤；
③某一转子有污泥等。

图 2－22　显示组 002

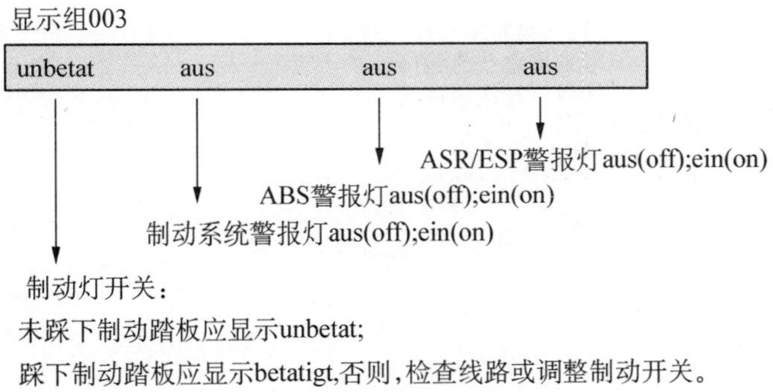

注：自诊断过程中，ABS警报灯和制动系统警报灯一直在闪亮。

图 2－23　显示组 003

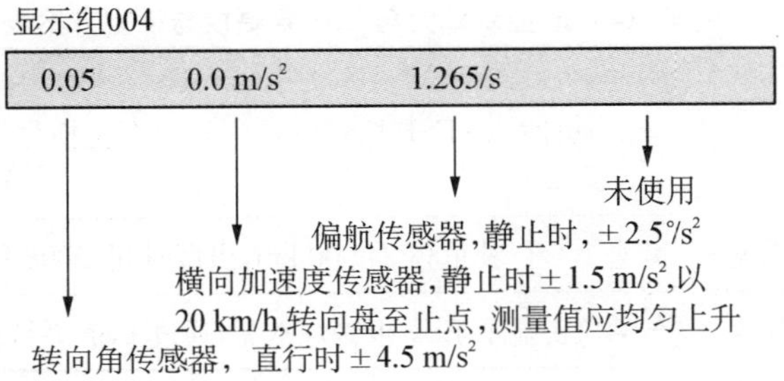

注：自诊断过程中，ABS警报灯和制动系统警报灯一直在闪亮，车速超过20 km/h时，控制单元将中止自诊断。

图 2－24　显示组 004

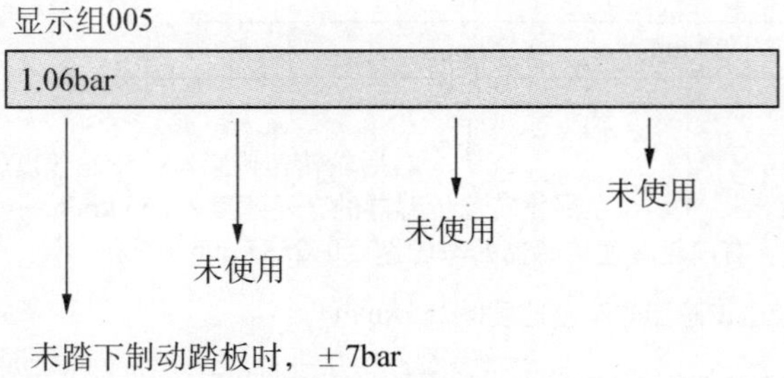

图 2－25　显示组 005

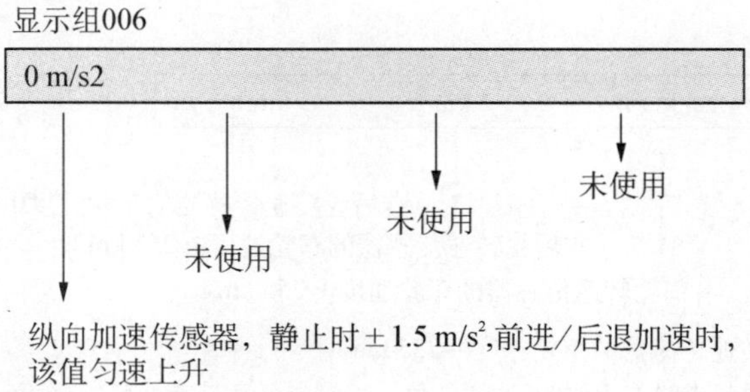

图 2－26　显示组 006

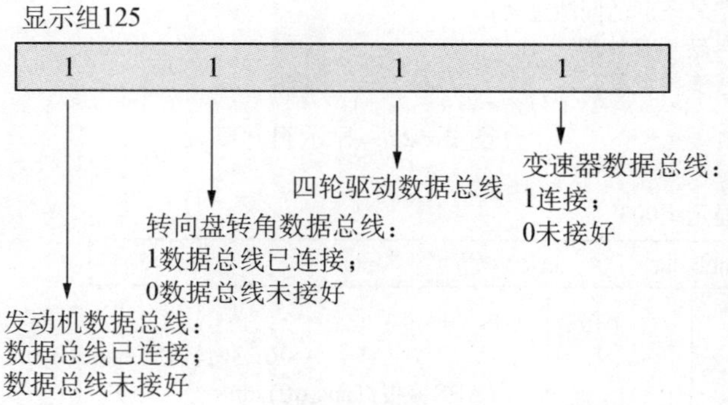

图 2－27　显示组 125

二、制定方案

根据情境导入中的案例，需要对 ESP 控制单元与 ESP 泵进行更换与设定。教师在组织教学的过程中，制定奥迪 A4 ESP 控制单元与 ESP 泵更换与设定方案，如表 2－9 所示。

表 2－9　奥迪 A4 ESP 控制单元与 ESP 泵更换与设定方案表

	奥迪 A4 ESP 控制单元与 ESP 泵更换与设定方案	
车辆信息描述	车辆描述	奥迪 A4，行驶里程 24 000 km，出厂时间：2008 年 5 月
	故障现象	车辆仪表显示 ESP 报警灯常亮，通过 ESP 系统按钮无法关闭

续　表

	奥迪 A4 ESP 控制单元与 ESP 泵更换与设定方案
设备/工具/耗材要求	设备：奥迪 A4 乘用车一辆； 工具：V. A. G1551 或 V. A. S5051B、常规工具一套； 耗材：无
安全要求及注意事项	1. 安全要求： （1）严格按照维修手册要求的流程进行操作； （2）对特殊零部件的拆解要使用专用工具； （3）听从老师管理，禁止随意操作实训车辆、设备等； （4）安全操作，禁止明火； （5）注意劳动保护。 2. 操作注意事项： （1）正确使用工具； （2）操作必须在老师的指导下进行； （3）严格按要求进行检测项目作业
工作步骤	1. 车辆驶入工位； 2. 将车辆停驻在举升机平台上； 3. 拉紧制动器，并将变速器置于空挡位置； 4. 安装翼子板护垫； 5. 首先进行外观检查； 6. 连接诊断仪器 V. A. S5051B，按照知识链接进行控制单元编码； 7. 连接诊断仪器 V. A. S5051B，进行 ESP 起动检测； 8. 使用诊断仪器 V. A. S5051B，读取数据流，并做记录； 9. 竣工检查

教师对学生进行分组，每组选出一个小组长，小组长根据小组成员任务分工不同，确定不同任务的责任人。小组成员任务的划分可以参考下面的小组任务分配表，如表 2－10 所示。

表 2－10　小组任务分配表

	小组任务	个人职责（任务）	小组成员
1	任务前期准备工作	准备该任务的设备、工具、耗材	
2	安全检查	主要负责工具设备使用情况和操作工作的安全监督	
3	外观检查	负责 ESP 控制单元与 ESP 泵外观检查	
4	按照知识链接进行控制单元编码	负责控制单元编码	
5	进行 ESP 起动检测	负责 ESP 起动检测	
6	读取数据流，并做记录	负责读取数据流，记录	
7	竣工检查工作	检查所有的设备器材是否齐全	

实训中如果没有该车型，可以参考奥迪 A4 ESP 控制单元与 ESP 泵更换与设定方案，并查阅该实训车型的维修手册，制定该车型 ESP 控制单元与 ESP 泵更换与设定方案，如表 2－11 所示。

表 2－11　ESP 控制单元与 ESP 泵更换与设定方案表

<table>
<tr><td></td><td colspan="2">________乘用车 ESP 控制单元与 ESP 泵更换与设定方案</td></tr>
<tr><td rowspan="2">车辆信息描述</td><td>车辆描述</td><td></td></tr>
<tr><td>故障现象</td><td></td></tr>
<tr><td>设备/工具/耗材要求</td><td colspan="2"></td></tr>
<tr><td>安全要求及注意事项</td><td colspan="2"></td></tr>
<tr><td>工作步骤</td><td colspan="2"></td></tr>
</table>

三、实施

依据制定方案实施，并填写项目单，如表 2－12 所示。

表 2－12　实训结果项目表

项目	操作步骤	记录
ESP 起动检测		
读取数据流		
控制单元编码		

四、作业

1. 简单叙述 ESP 的控制原理。

2. ESP 液压调节器有哪几个部件组成？相对于 ABS 泵，多了哪几个部件？

检查与评估

1. 学生自我检查

学生通过对本任务的学习，独立结合实训车辆填写学习情况检查表（表 2－13—表 2－15），以检测自己对本任务学习的掌握情况。

表 2－13　学习情况检查表（一）

ESP 组成	传感器名称及位置	
	控制器名称及位置	
	执行器名称及位置	
仪器诊断	读取故障码、检测元件	

表 2－14　学习情况检查表（二）

检查部件	检查项目	是否需要更换	更换步骤
转角传感器			
横摆率传感器			
制动压力传感器			

表 2-15　学习检查表(三)

ESP 控制单元与 ESP 泵更换与设定		
部件名称	检查结果	处理方法
检查保险		
电线插座		
漏油		
控制编码		
ESP 起动测试		
读取数据流		

2. 指导教师评估

指导老师在整个教学过程中,关注每个活动小组的工作过程以及小组成员的动手能力,并对小组成员的动手能力进行考核,填入表 2-16。

表 2-16　指导教师评估表

	考核量化指标	分值(总分)	学生得分
1	能时刻注意保护操作部件安全	5	
2	能时刻注意自我的人身保护	5	
3	使用工具熟练程度	5	
4	能够积极完成本职工作	10	
5	能够熟练查询维修资料	10	
6	能够完成 ESP 系统的自诊断检查和故障读取	15	
7	能够完成 ESP 各传感器的检测与更换	15	
8	能够完成 ESP 泵与控制单元的检查与维修	15	
9	能够完成实训结果项目表的填写	10	
10	能够完成学习情况检查表的填写	10	
总计			

学习情境3　电子驻车制动系统诊断与维修

学习目标

1. 能够完成电子机械式驻车制动系统检测与维护；
2. 能够完成电子机械式驻车制动器更换与设定；
3. 能够完成坡道起步功能检测与维修

情境导入

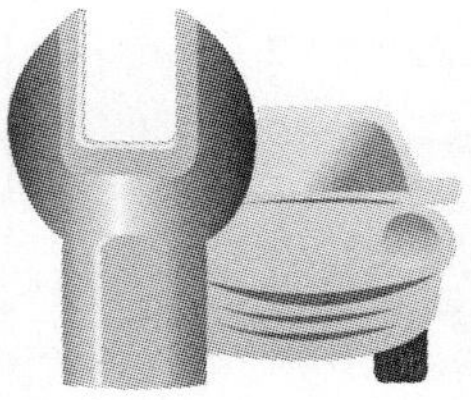

车　　型：奥迪 A4L；
行驶里程：38 000 km；
出厂时间：2009 年 3 月。
故障现象：

车主反映该车曾经出现过坡道起步功能不工作，车辆放置车库一周，无法释放驻车制动，后轮处于抱死状态，驻车制动故障灯点亮等故障

任务1　电子机械式驻车制动无法释放的故障诊断与维修

任务描述

一、学习目标

	1. 能够完成电子机械式驻车制动功能操作； 2. 能够完成电子机械式驻车制动故障读取； 3. 能够完成电子机械式驻车制动部件检查； 4. 能够完成电子机械式驻车制动功能设置； 5. 能够完成电子机械式驻车制动器的更换

二、学习内容

	1. 电子机械式驻车制动组成； 2. 电子机械式驻车制动功能操作； 3. 电子机械式驻车制动数据读取； 4. 电子机械式驻车制动功能设置； 5. 电子机械式驻车制动器的更换

项目1　电子机械式驻车系统(EPB)检测

一、知识链接

1. 电子机械式驻车系统组成

电子机械式驻车系统在德系中高端车上广泛使用。该系统由驻车制动按钮、控制单元、仪表控制单元、驻车制动电机组成，如图3-1所示。

图 3-1　奥迪电子机械式驻车系统组成

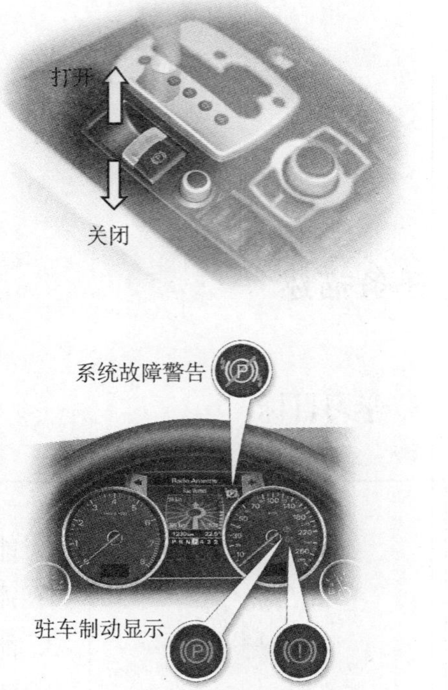

图 3-2　奥迪驻车开关与仪表显示

2. 系统操作及仪表显示

通过拉动开关来打开制动仪表显示，如图 3-2 所示，按下开关来关闭制动系统（操作需要踩下制动踏板）。在点火开关关闭的情况下，也能拉起驻车制动，但是不能释放驻车制动，只有在点火开关打开时才能操作。

在没有正常关闭停车制动系统时，故障显示灯持续闪光；在按下压力开关后，仍持续闪光说明线路故障；由控制单元识别的、导致功能受限制的故障为系统故障，故障灯持续闪光，以上故障出于安全原因不应继续行驶。

3. 动态紧急制动功能

通过拉动自动开关可以获得一个最大减速度为 8 m/s 的制动作用。只要自动开关一旦被拉动，车辆则被制动。松开开关后制动终止。

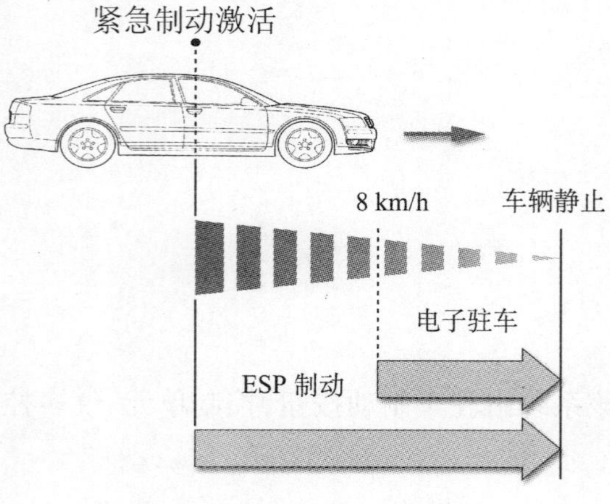

图 3-3　奥迪动态制动功能

当车辆以大于 8 km/h 的速度行驶时，通过 ESP 来完成制动。即使在加速踏板还在活动的情况下，发动机力矩也将返回怠速状态，ESP 元件在所有四轮的制动系统上形成制动压力。

当巡航定速系统激活时，此功能关闭。在车速小于 8 km/h 的情况下对开关进行操作关闭停车制动系统。

为避免错误操作（如由副驾驶打开开关）的发生，当加大油门时，已激活的紧急制动功能被关闭。动态制动功能如图 3-3 所示。

4. 制动盘高温状态下自动重新拉紧功能

图 3-4　极性颠倒测试电缆 V. A. S1598/55

当车辆处于静止状态，而制动盘温度很高时，驻车制动器会自动进行重新拉紧。EPB控制单元上的温控模块负责测量制动盘的温度。驻车制动器关闭3 min后，EPB控制单元会对当前的制动盘进行温度测量。

车辆熄火后，如果制动盘的温度超过300℃，且倾斜角度超过15%时，制动盘就会重新拉紧。但是如果制动盘的温度超过500℃，无论是否熄火，制动盘都会重拉紧。此时，警示灯会闪烁。

5. 故障测试

如果驻车电机V282/283发生故障，测试电缆（图3-4）可以用来判定故障是出在电机还是控制单元上。

6. 电子控制机械停车制动系统数据交换CAN总线

目前大众车辆配置的电子系统基本都是通过CAN总线进行数据交换，很少有独立控制的电子设备，所以电子机械式驻车系统如果存在故障，需要根据有关联的总线交换数据来分析，如图3-5所示。

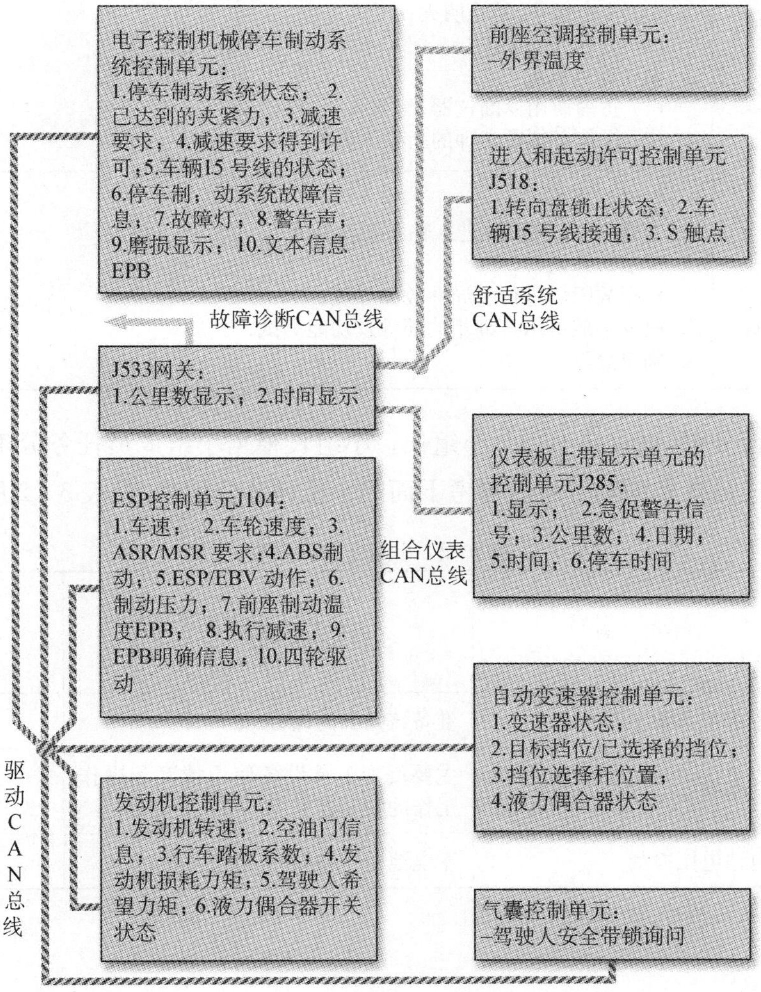

图 3-5　驻车制动系统数据交换CAN总线

二、制定方案

根据情境导入中的案例，需要对电子机械式驻车系统进行检测。教师在组织教学的过程中，制定奥迪 A4 电子机械驻车系统检测方案，如表 3－1 所示。

表 3－1　奥迪 A4 电子机械式驻车系统检测方案表

	奥迪 A4 电子机械式驻车系统检测方案	
车辆信息描述	车辆描述	奥迪 A4L 2.0T，行驶里程：38 000 km，出厂时间：2009 年 3 月
	故障现象	车主反映该车曾经出现过坡道起步功能不工作，车辆放置车库一周，无法释放驻车制动，后轮处于抱死状态，驻车制动故障灯点亮等故障
设备/工具/耗材要求	设备：奥迪 A4L 一辆、V. A. S505X； 工具：常用工具、测试电缆； 耗材：手套	
安全要求及注意事项	1. 安全要求： （1）严格按照维修手册要求的流程进行操作； （2）听从老师管理，禁止随意操作实训车辆、设备等； （3）安全操作，禁止明火； （4）注意劳动保护。 2. 操作注意事项： （1）正确使用诊断仪器； （2）操作必须在老师的指导下进行	
工作步骤	1. 打开点火开关； 2. 连接 V. A. S505X 进入驻车制动系统； 3. 读取故障码； 4. 根据故障码进行引导性故障导航； 5. 根据导航提示查询相关部件及功能测试； 6. 确定故障	

教师对学生进行分组，每组选出一个小组长。小组长根据小组成员任务分工不同，确定不同任务的责任人。小组成员任务的划分可以参考下面的小组任务分配表，如表 3－2 所示。

表 3－2　小组任务分配表

	小组任务	个人职责（任务）	小组成员
1	任务前期准备工作	准备该任务的设备、工具、耗材	
2	安全检查	主要负责工具设备使用情况和操作工作的安全监督	
3	蓄电池电压检测	蓄电池电压在 10 V 以上	

续　表

	小组任务	个人职责(任务)	小组成员
4	检测仪器使用	负责调取故障码,引导性故障导航操作	
5	竣工检查工作	检查所有的设备器材是否齐全	

实训中如果没有该车型,可以参考奥迪 A4 电子机械式驻车系统检测方案,并查阅该实训车型的维修手册,制定该车型电子机械驻车系统检测,如表 3-3 所示。

表 3-3　电子机械式驻车系统检测方案表

	________乘用车电子机械式驻车系统检测方案	
车辆信息描述	车辆描述	
	故障现象	
设备/工具/耗材要求		
安全要求及注意事项		
工作步骤		

三、实施

依据制定方案实施,并填写项目单,如表 3-4 所示。

表 3-4　实训结果项目表

	根据上面所学习的内容,在车辆上标注出个部件位置及部件名称

四、作业

1. 通过实训后完善本任务的实施方案。

2. 思考:在车速 20 km/h 情况下起动电子机械式驻车制动,系统是否会工作?

3. 查找资料,解释 ESP 如何配合电子机械式驻车制动完成紧急制动的?

项目 2　电子机械式驻车制动器检查与更换

一、知识链接

1. 电子机械式驻车制动器的组成

电子机械式驻车制动器由制动盘、制动片、制动钳、固定支架、制动活塞、电动机、变速器、齿形皮带等组成,如图 3-6 所示。驻车制动功能只作用于后轮。

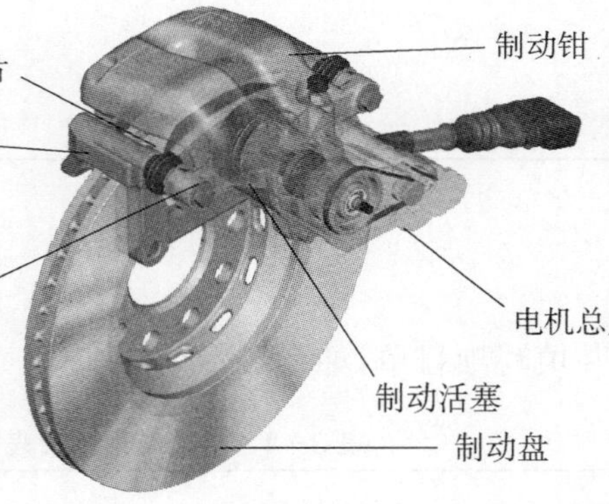

图 3-6　电子机械式驻车制动器

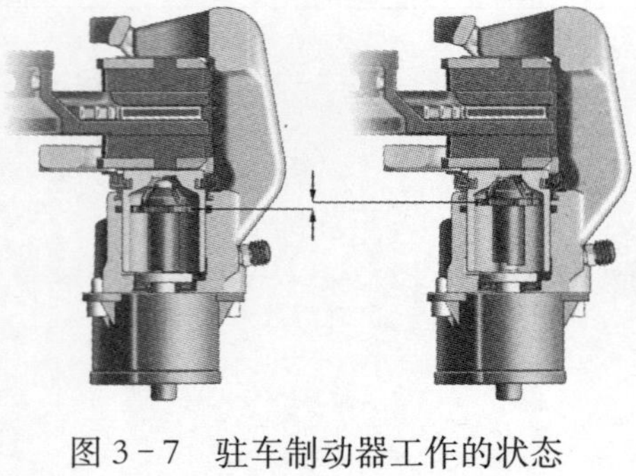

图 3-7　驻车制动器工作的状态

2. 工作原理

电动机工作通过皮带带动变速器主动轮,由旋转运动到提升运动的转化是通过一根用于制动活塞传动的蜗杆来完成制动。驻车制动起动原理:螺母在蜗杆上向前运动,气缸靠着活塞在设备运动,气缸和活塞压挤压动盘;驻车车制动关闭原理:螺母在蜗杆上反向转动,断开与气缸的连接,通过密封环的弹性恢复活塞向后运动,释放制动盘,如图 3-7 所示。

大众电子机械式驻车制动器采用两种变速器：斜盘式齿轮变速器和行星齿轮变速器，工作原理如图3－8和图3－9所示。

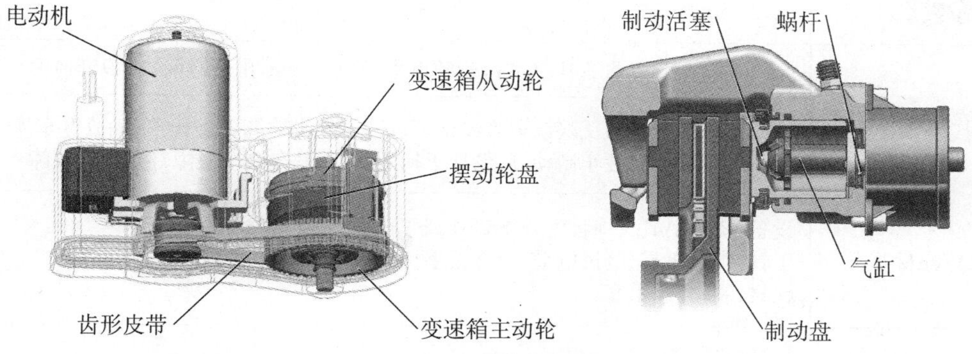

图3－8　斜盘式齿轮变速器

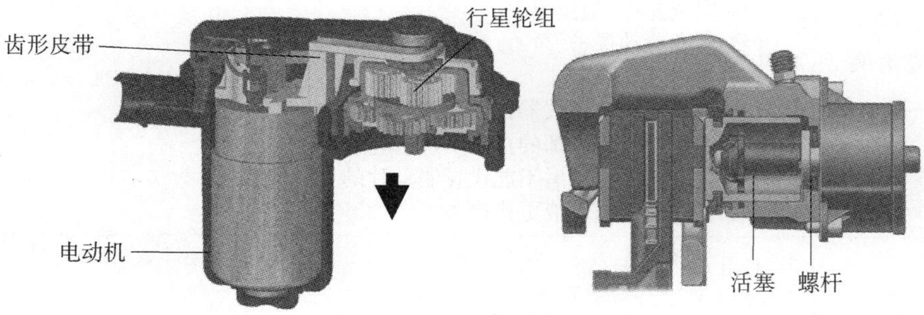

图3－9　行星齿轮变速器

3. 紧急解锁

当没有电气控制或停车制动系统的部件出现机械故障时，能通过机械方法将闭合的停车制动系统松开。因此在车内工具箱内有一把应急扳手（图3－10）。可用千斤顶将车辆升起，拆除相应的车轮。通过扳手一端的钳口将制动盘上的紧固件拆除。用应急扳手的另一端将蜗杆旋松直到制动系统松开。

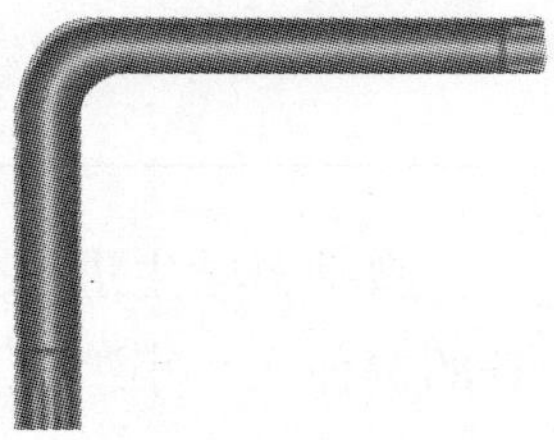

图3－10　应急扳手

4. 更换制动片模式

更换制动片可以通过故障诊断仪 V. A. S5051 在停车制动系统关闭的情况下进行。在基本设置功能5中气缸可通过蜗杆传动做返回运动。在制动活塞复位后，可通过专用工具 V. A. S T10145 更换制动片。在基本设置功能6中气缸重新运动靠近活塞。在匹配功能6中输入制动片强度。（53－04－7拆卸制动片，53－04－6关闭功能。）

二、制定方案

根据情境导入中案例，需要对电子机械式驻车制动器进行检查与更换。教师在组织教学的过程中，制定奥迪A4电子机械式驻车制动器的检查与更换方案，如表3－5所示。

表 3-5　奥迪 A4 电子机械式驻车制动器检查与更换方案表

	奥迪 A4 电子机械式驻车制动器检查与更换方案	
车辆信息描述	车辆描述	奥迪 A4L 2.0T，行驶里程：38 000 km，出厂时间：2009 年 3 月
	故障现象	车主反映该车曾经出现过坡道起步功能不工作，车辆放置车库一周，无法释放驻车制动，后轮处于抱死状态，驻车制动故障灯点亮等故障
设备/工具/耗材要求	设备：奥迪 A4L 一辆、V. A. S5051、举升机、制动液充放机； 工具：常用工具、测试电缆、应急扳手； 耗材：制动液、手套	
安全要求及注意事项	1. 安全要求： (1) 严格按照维修手册要求的流程进行操作； (2) 听从老师管理，禁止随意操作实训车辆、设备等； (3) 安全操作，禁止明火； (4) 注意劳动保护。 2. 操作注意事项： (1) 正确使用诊断仪器； (2) 操作必须在老师的指导下进行； (3) 在制动器拆卸后不能设置制动片的更换模式； (4) 正确使用制动液更换设备	
工作步骤	1. 打开点火开关； 2. 连接 V. A. S5051； 3. 进入制动片更换模式(无法操作使用紧急应急扳手手动操作)； 4. 拆卸制动器总成； 5. 更换制动器总成； 6. 对制动系统进行排空气； 7. 进入车辆引导性故障导航； 8. 根据故障导航进行设置	

教师对学生进行分组，每组选出一个小组长，小组长根据小组成员任务分工不同，确定不同任务的责任人。小组成员任务的划分可以参考下面的小组任务分配表，如表 3-6 所示。

表 3-6　小组任务分配表

	小组任务	个人职责(任务)	小组成员
1	任务前期准备工作	准备该任务的设备、工具、耗材	
2	安全检查	主要负责工具设备使用情况和操作工作的安全监督	
3	V. A. S5051 操作	负责检测设备操作	
4	制动器总成拆装	负责拆卸和安装电子机械式驻车制动器拆装	
5	制动系统排气	负责操作制动液充放机对制动系统进行排气	
6	竣工检查工作	检查所有的设备器材是否齐全	

实训中如果没有该车型，可以参考奥迪 A4 电子机械式驻车制动器检查与更换方案，并查阅该实训车型的维修手册，制定该车型电子机械式驻车制动器检查与更换，如表 3－7 所示。

表 3－7　电子机械式驻车制动器查检与更换方案

	________乘用车电子机械式驻车制动器检查与更换方案	
车辆信息描述	车辆描述	
	故障现象	
设备/工具/耗材要求		
安全要求及注意事项		
工作步骤		

三、实施

根据制定的方案实施，并填写项目单，如表 3－8 和表 3－9 所示。

表 3－8　实训结果项目表(一)

电子机械式驻车制动盘高温情况下重新自动拉紧制动器需要达到哪些要求？

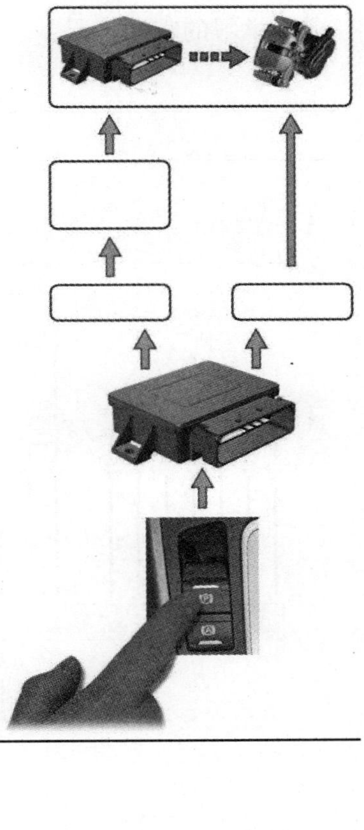

表 3－9　实训结果项目表(二)

根据实训操作详细描述更换制动片工作模式的步骤：

四、作业

1. 通过实训后完善本任务的实施方案。

2. 思考：如果在没有 V. A. S505X 设备的情况如何进行制动器的更换？

检查与评估

1. 学生自我检查

学生通过对任务 1 的学习，独立结合实训车辆填写学习情况检查表(表 3－10)，以检测自己对任务 1 学习的掌握情况。

表 3－10　学习情况检查表

大众奥迪电子机械式驻车制动系统	
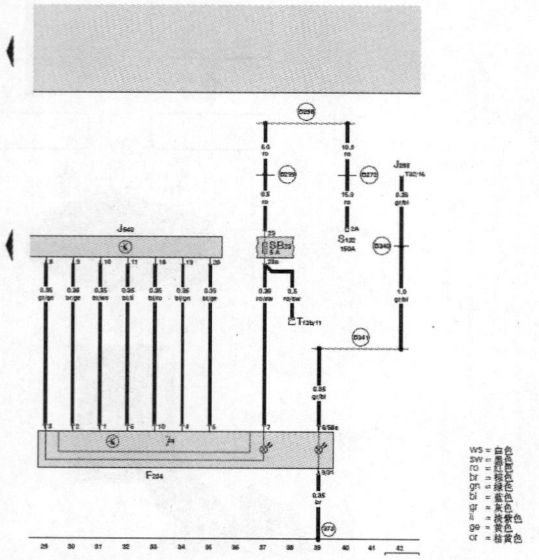	电动驻车和手制动器控制单元、驻车制动器压力开关； F234—驻车制动器压力开关J285—组合仪表中的控制单元和显示单元； J540—电动驻车和手制动器的控制单元S132—熔断式熔断丝 2； SB23—熔断丝架上的熔断丝 23 T12b—12 芯黑色插头连接，在仪表板后右侧； T32—32 芯蓝色插头连接，在组合仪表上373—主导线束中的搭铁连接 8； B272—主导线束中的正极连接(30)B298—主导线束中的正极连接 2(30)； B299—主导线束中的正极连接 3(30)B340—主导线束中的连接 1(58 s)； B341—主导线束中的连接 2(58 s)

续 表

根据奥迪 A6 电子机械式驻车制动系统的电路图简单描述其工作过程和控制路线：

2. 指导教师评估

指导老师在整个教学过程中，关注每个活动小组的工作过程以及小组成员的动手能力，并对小组成员的动手能力进行考核，填入表3-11。

表3-11 指导教师评估表

	考核量化指标	分值(总分)	学生得分
1	能时刻注意保护操作部件安全	5	
2	能时刻注意自我的人身保护	5	
3	使用工具熟练程度	5	
4	能够积极完成本职工作	10	
5	能够熟练查询维修资料	10	
6	能够根据方案正确使用检测仪器	15	
7	能够根据方案能够完成制动器的拆装与设置	15	
8	能够根据方案完成数据流的读取与分析	15	
9	能够完成实训结果项目表的填写	10	
10	能够完成学习情况检查表的填写	10	
总计			

任务2　坡道起步功能无法激活的故障诊断与维修

任务描述

一、学习目标

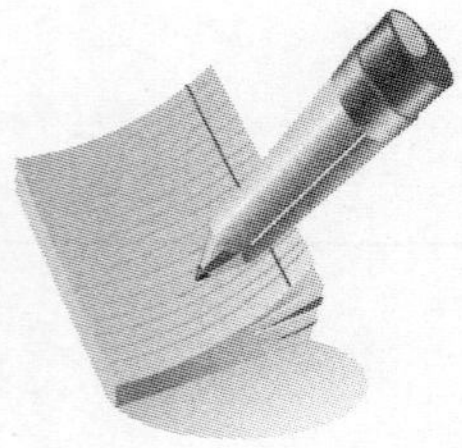	1. 能够完成坡道起步功能操作； 2. 能够完成坡道起步功能故障读取； 3. 能够完成坡道起步功能部件检查

二、学习内容

	1. 坡道起步功能部件组成； 2. 坡道起步功能操作； 3. 坡道起步功能数据读取； 4. 坡道起步功能故障分析； 5. 坡道起步功能故障检修

项目　坡道起步功能诊断与维修

一、知识链接

1. 坡道起步功能原理

当车辆停在斜道上时，需要保持车身稳定。这样，ESP 系统需要主动对所有的车轮同时进行制动（产生制动力）。如果车辆停在坡道上的时间过长，ESP 的电磁阀就会发热。当电磁阀的温度超过 200℃，电子驻车制动器就会代替 ESP 继续保持车辆稳定。这样设计的目的是为了保护电磁阀的线圈。控制方式如图 3－11 所示。

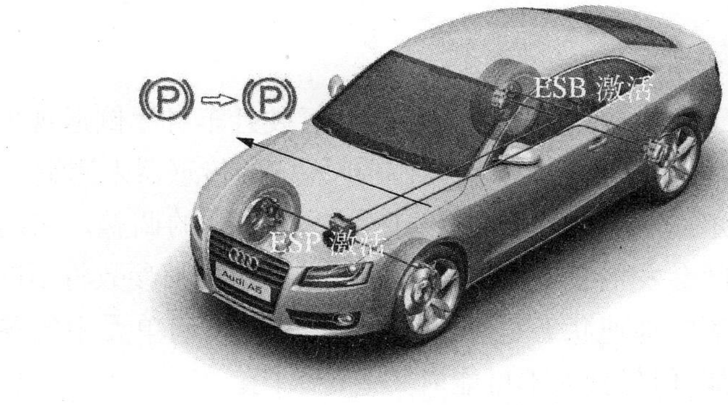

图 3－11　坡道起步控制方式示意图

制动力的释放由下列因素决定：发动机扭矩；倾斜角度（由 EPB 控制单元的倾斜传感器决定）；所选挡位；离合器踏板状态（离合器位置传感器针对手动挡车辆）或所用的变速器。为了防止翻车，制动器会一直保持制动状态，直至车辆产生足够大的发动机扭矩才能重新起动。制动力释放条件如图 3－12 所示。

图 3－12　制动力释放条件

2. 坡道起步功能操作

点击奥迪起步辅助键 E540 可以激活坡道起步功能。要起动“待机”功能，需首先实现以下特定起动条件：驾驶人佩戴安全带，发动机运转，驾驶人侧的车门关紧，ESP 和 EPB 无故障。

关闭：开关 LED 未起动；

待机：开关 LED 起动；

激活：开关 LED 起动，组合仪表板出现相关的屏显（绿色的 P 字母，如图 3－13 所示）。

图 3－13　功能激活

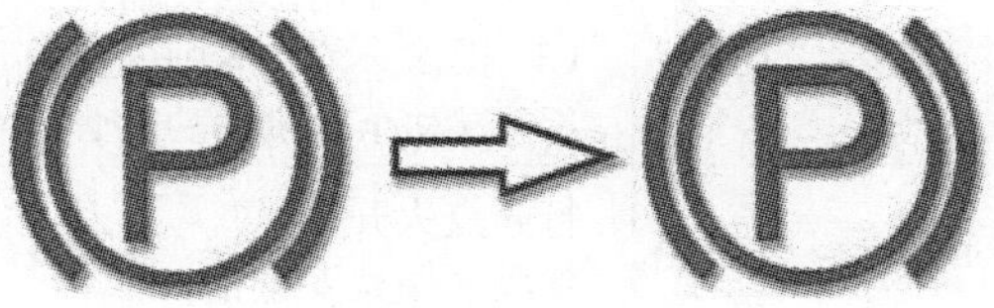

图 3－14　ESP 制动转为 EPB 制动

如果出现下列情况，则 EPB 就会取代 ESP 执行制动功能（组合仪表板的屏幕上的 P 会从绿色变成红色，如图 3－14 所示）：ESP 电磁阀的温度超过 200℃，驾驶人侧车门为开启状，未系安全带，发动机熄火，点火开关关闭，开关起动，踩下制动踏板或加速踏板。

3. 自适应辅助起步功能

自适应辅助起步功能实现了车辆在斜坡上的无震爬坡行驶且车身无倒退现象。此功能只有在系好安全带的情况下才能被激活。倾斜角度将通过控制单元中的传感器来测量。

另外也会考虑到发动机力矩、加速踏板位置和选择的行驶挡位的调整。在起步时与所述参数相关的停车制动系统的打开时间会发生变化。倾斜角度传感器和行驶参数将不断自动校正。每当在这种斜坡上行驶时便会对车辆的加速状态进行评价，与存储在控制单元中的参数组进行比较以便调整。维修时可以关闭此功能，但驾驶人不可能对其进行关闭。

4. 故障诊断

坡道起步功能是在 ESP 和 EPB 的基础上发展起来的，对该功能的故障检测需要判断 ESP 和 EPB 是否正常。通过 V. A. S505X 进行故障诊断。

二、制定方案

根据情境导入中案例，需要对坡道起步功能进行诊断与维修。教师在组织教学的过程中，制定奥迪 A4 坡道起步功能的诊断与维修方案，如表 3－12 所示。

表 3－12　奥迪 A4 坡道起步功能诊断与维修方案表

<table>
<tr><td></td><td colspan="2">奥迪 A4 坡道起步功能诊断与维修方案</td></tr>
<tr><td rowspan="2">车辆信息描述</td><td>车辆描述</td><td>奥迪 A4L 2. 0T，行驶里程：38 000 km，出厂时间：2009 年 3 月</td></tr>
<tr><td>故障现象</td><td>车主反映该车曾经出现过坡道起步功能不工作，车辆放置车库一周，无法释放驻车制动，后轮处于抱死状态，驻车制动故障灯点亮等故障</td></tr>
<tr><td>设备/工具/耗材要求</td><td colspan="2">设备：奥迪 A4L 一辆、V. A. S505X；
工具：常用工具；
耗材：手套</td></tr>
<tr><td>安全要求及注意事项</td><td colspan="2">1. 安全要求：
(1) 严格按照维修手册要求的流程进行操作；
(2) 听从老师管理，禁止随意操作实训车辆、设备等；
(3) 安全操作，禁止明火；
(4) 注意劳动保护。
2. 操作注意事项：
(1) 正确使用诊断仪器；
(2) 操作必须在老师的指导下进行；
(3) 发动车辆激活功能必须有老师陪同</td></tr>
<tr><td>工作步骤</td><td colspan="2">1. 打开点火开关；
2. 驾驶人佩戴安全带；
3. 发动机运转；
4. 驾驶人一侧的车门关紧；
5. 连接 VSA 505X 的诊断仪；
6. 检测 ESP 和 EPB 是否存在故障；
7. 激活坡道起步功能；
8. 无法激活根据激活条件查找故障点</td></tr>
</table>

教师对学生进行分组，每组选出一个小组长，小组长根据小组成员任务分工不同，确定不同任务的责任人。小组成员任务的划分可以参考下面的小组任务分配表，如表3－13所示。

表3－13　小组任务分配表

	小组任务	个人职责(任务)	小组成员
1	任务前期准备工作	准备该任务的设备、工具、耗材	
2	安全检查	主要负责工具设备使用情况和操作工作的安全监督	
3	功能激活条件检查	负责安全带、车门等检查	
4	故障诊断	负责 VSA 505X 数据读取和故障诊断	
5	竣工检查工作	检查所有的设备器材是否齐全	

实训中如果没有该车型，可以参考奥迪 A4 坡道起步功能诊断与维修方案，并查阅该实训车型的维修手册，制定该车型坡道起步功能诊断与维修方案，如表3－14所示。

表3－14　坡道起步功能诊断与维修方案表

	________乘用车坡道起步功能诊断与维修方案	
车辆信息描述	车辆描述	
	故障现象	
设备/工具/耗材要求		
安全要求及注意事项		
工作步骤		

三、实施

依据制定方案实施，并填写项目单，如表3－15所示。

表 3-15 实训结果项目表

序号	检测步骤	是否故障	故障件
1	安全带		
2	左前车门		
3	ESP		
4	EPB		

四、作业

1. 通过实训后完善本任务的实施方案。

2. 坡道起步功能激活必须要满足哪些条件?

检查与评估

1. 学生自我检查

学生通过对任务 2 的学习,独立结合实训车辆填写学习情况检查表(表 3-16),以检测自己对任务 2 学习的掌握情况。

表 3-16 学习情况检查表

根据学习大众坡道起步功能,分析可能造成该功能无法使用的故障原因:

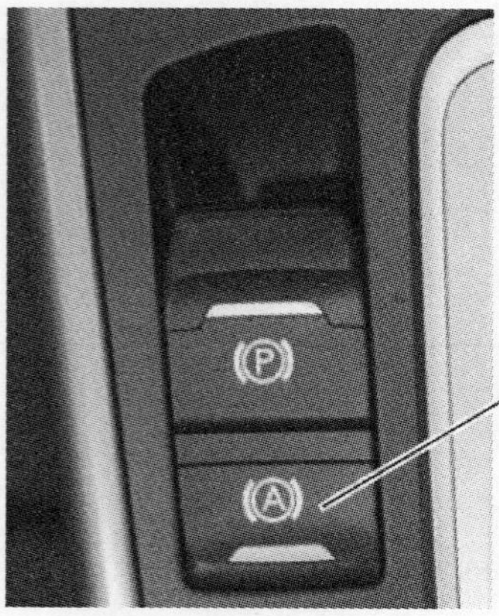

2. 指导教师评估

指导老师在整个教学过程中，关注每个活动小组的工作过程以及小组成员的动手能力，并对小组成员的动手能力进行考核，填入表3-17。

表3-17　指导教师评估表

	考核量化指标	分值(总分)	学生得分
1	能时刻注意保护操作部件安全	5	
2	能时刻注意自我的人身保护	5	
3	使用工具熟练程度	5	
4	能够积极完成本职工作	10	
5	能够熟练查询维修资料	10	
6	能够根据方案正确使用检测仪器	15	
7	能够根据方案检查相关的部件	15	
8	能够根据方案完成数据流的读取与分析	15	
9	能够完成实训结果项目表的填写	10	
10	能够完成学习情况检查表的填写	10	
总计			

学习情境 4　轮胎压力监测系统诊断与维修

学习目标

1. 能够完成直接式 TPMS 故障诊断与维修；
2. 能够完成间接式 TPMS 故障诊断与维修

情境导入

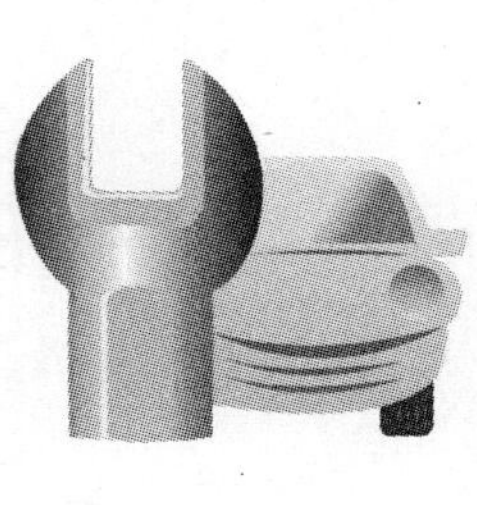

车　　型：奥迪 A6L；
行驶里程：58 000 km；
出厂时间：2010 年 2 月。
故障现象：

车辆在行驶中出现 TPMS 故障灯点亮，下车观察轮胎没有发现轮胎漏气现象，车主进站维修，要求技术维修人员排除该故障

任务1　直接式TPMS故障灯常亮的故障诊断与维修

任务描述

一、学习目标

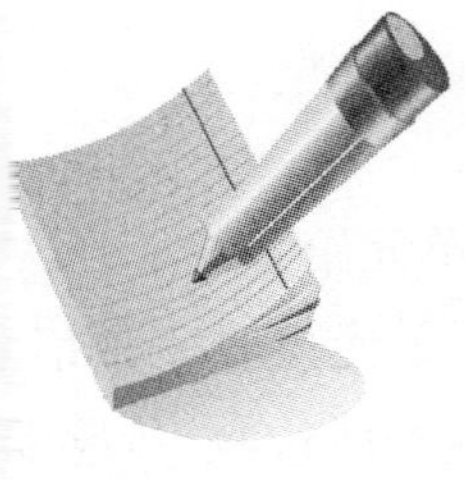	1. 能够完成直接式TPMS系统故障诊断与维修； 2. 能够完成有车轮位置识别功能的TPMS诊断与维修； 3. 能够完成无车轮位置识别功能的TPMS诊断与维修

二、学习内容

	1. 奥迪A6L有车轮位置识别功能TPMS故障诊断与维修； 2. 奥迪A6L无车轮位置识别功能TPMS故障诊断与维修

项目1　有车轮位置识别功能的TPMS系统检测与维修

一、知识链接

1. 直接式TPMS系统

直接式TPMS系统(Pressure-Sensor Based TPMS，简称PSB)，是利用安装在每一个轮胎里的压力传感器来直接测量轮胎的气压，利用无线发射器将压力信息从轮胎内部发送到中央接收器模块上的系统，然后对各轮胎气压数据进行显示，如图4-1所示。当轮胎气压太低或漏气时，系统会自动报警。属于事前主动防御性。

图 4-1　直接式 TPMS 系统

2. 有车轮识别位置 TPMS 系统组成及原理

当驾驶人打开车门或者插入点火开关时，系统就开始初始化过程，控制单元给各轮胎压力监控发射器和天线分配一个 LIN 地址，初始化完成后，发射器一个接一个从控制单元接收一条信息，随后已经分配地址码的发射器发射无线电信号(频率 125 kHz)被轮胎压力传感器所接收，传感器被这个无线电信号激活，然后就会发送出测量的当前压力和温度值，通过天线接收再经过 LIN 总线传送到控制单元。系统组成及安装位置如图 4-2 所示。

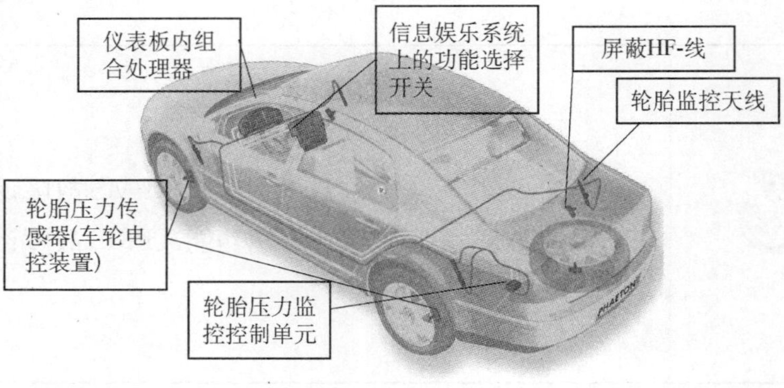

图 4-2　直接式 TPMS 系统组成及安装位置

驻车时：轮胎压力传感器上装有离心力传感器(图 4-3)，该传感器识别车轮是否转动，车辆驻车时，就不再进行通讯联系。

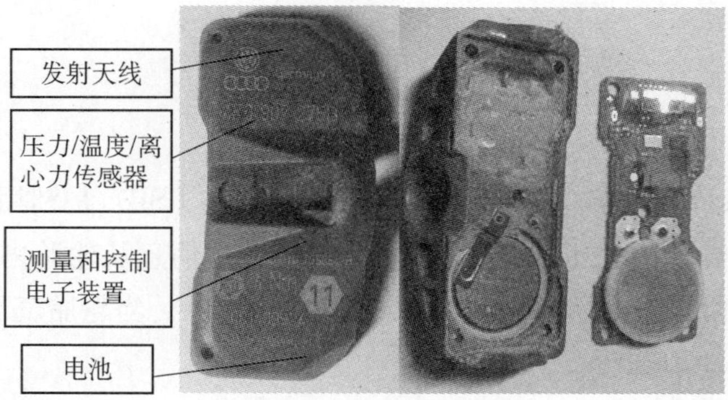

图 4-3　轮胎压力传感器

行车时：车辆起步传感器在 2 min 后与车轮位置进行匹配，当车速超过 20 km/h，每个传感器会自动发射当前值而不需要等待来自各自发射器的信号。发射的无线电信号中包含每个传感器的ID，这样控制单元就识别传感器发出的信息及位置。正常情况下每隔 30 s 发送一次信号，当传感器发现压力变化大于 0.2 bar/min 时，会以 1 次/s 发送测量值。信号通讯如图 4-4 和图 4-5 所示。

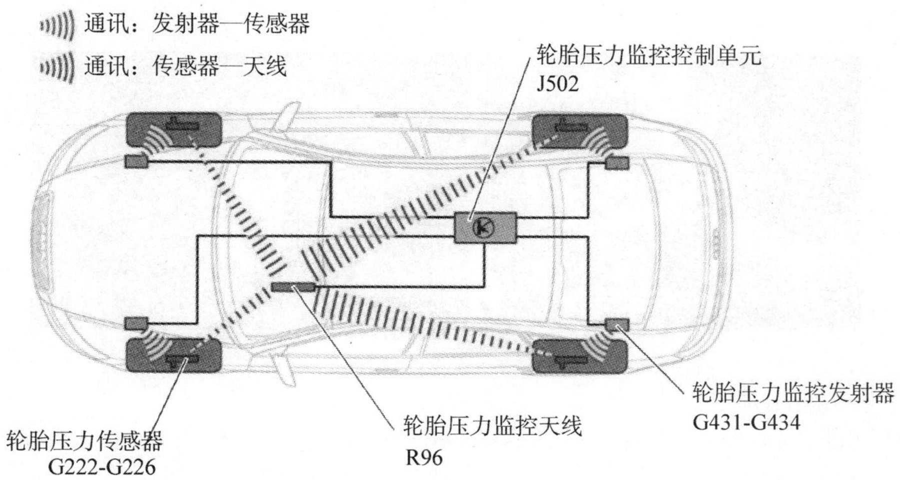

图 4-4　有车轮识别 TPMS 系统信息通讯

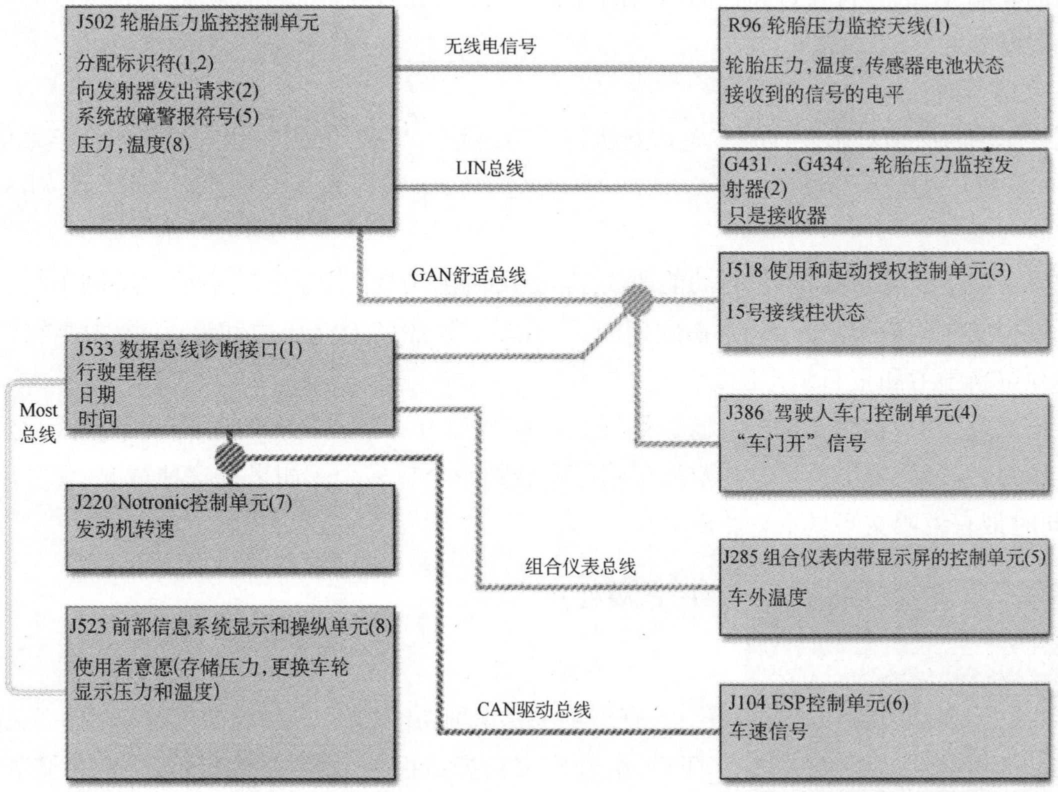

图 4-5　有车轮识别 TPMS 系统数据交换 CAN 总线

3. 系统设置

1）轮胎气压存储

驾驶人应负责将轮胎充气至正确的压力，并按压按键将这个压力设定为规定压力值，如图 4－6 所示。

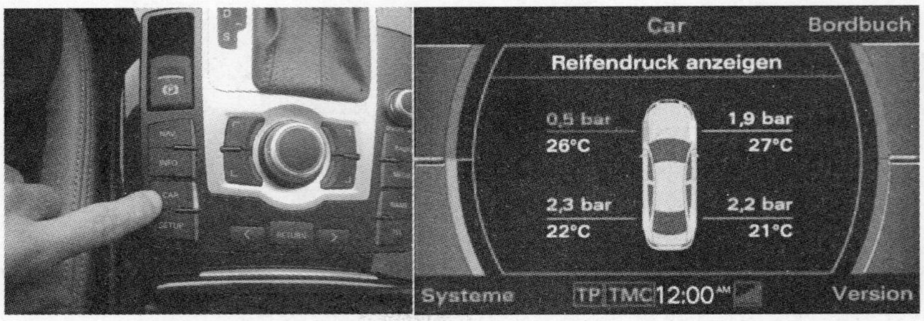

图 4－6　轮胎气压存储

步骤：按压功能按钮→在汽车菜单中选择 Systems（系统）→选择 Tyre pressure monitoring（轮胎气压监控系统）→选择 Store curr. tire pressures（存储轮胎气压）。

每次更改规定压力后都必须起动存储轮胎充气压力功能。存储后，轮胎充气压力监控系统测量当前的轮胎充气压力，并将其存储为新的规定压力。（用于本车的建议轮胎充气压力请见加油口盖板上的贴签）

2）更换车轮

更换车轮时必须对调换过的车轮重新执行学习过程。步骤：按压功能按钮→在汽车菜单中选择 Systems（系统）→选择 Tyre pressure monitoring（轮胎气压监控系统）→选择 Initialize wheels（调换车轮）。

如果更换了车轮，则需要执行功能调换车轮。选择该功能后，系统便会记忆新的车轮。这个学习记忆过程的时间最长需 5 min。在此期间，不会显示轮胎的充气压力和温度，因为车轮的传感器首先必须重新学习和重新编排位置。

在记忆过程中，轮胎充气压力监控系统只能执行部分工作。只有轮胎充气压力低于允许的最低规定压力时，才会发出警告。涉及的车轮可能会是一个或多个。如果是这种情况，便会出现警告符号，同时带有说明文字显示轮胎压力。

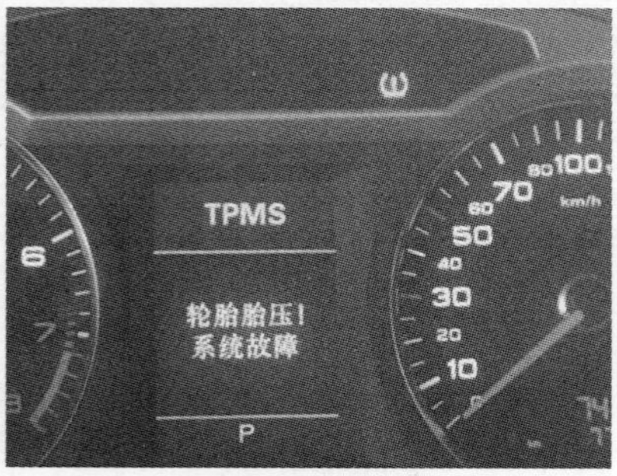

图 4－7　TPMS 系统故障报警

4. 故障检修

1）系统检测

有车轮位置识别功能 TPMS 系统的奥迪车辆在系统发生故障时，组合仪表会提示报警，如图4－7 所示，检测步骤如表 4－1 所示。

表 4-1 有车轮位置识别功能 TPMS 系统检测步骤

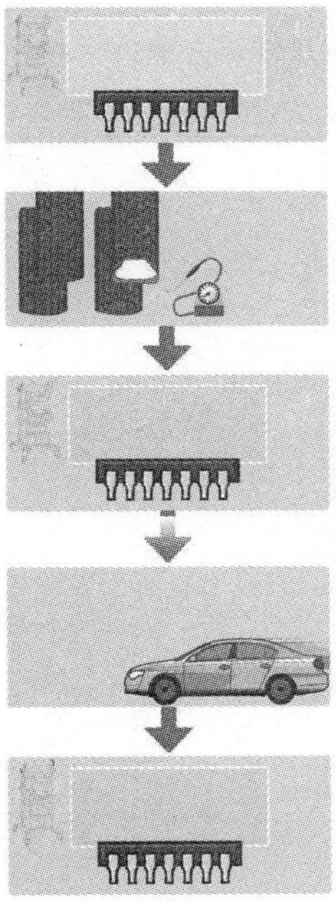	使用 V. A. S5051/V. A. S5052 来读出轮胎压力监控控制单元 J502 中的内容。 1. 调用相应的诊断地址(地址码 65,测量数据块 16),最后发送数据的那个车轮电控装置的识别码(ID)在这里就被输入。 2. 以每分钟至少 0.2 bar 的速度改变某个轮胎的压力(如卸压)。如果压力发生变化的那个车轮的电控装置没有损坏,那么测量数据块 16(MWB16)中就会记录状态 02(车轮电控装置因轮胎压力快速变化而发送信号)。如果有这个记录,就说明这个车轮的电控装置没有损坏,这时应按这个方法检查下一个车轮。 3. 如果轮胎的压力虽然在变化,但测量数据块中的内容并无变化,那么必须确定车轮电控装置接收信号时是否受到干扰。为此需要移动车辆来稍微改变一下气门嘴的位置。 4. 如果最后接收到的车轮电控装置信号还是没有什么变化,那么就是这个车轮电控装置损坏了

2) 更换轮胎压力监控控制单元 J502

更换轮胎压力监控控制单元 J502 后,必须执行以下步骤:使用 V. A. S5051/V. A. S5052 来给该系统编制代码并激活系统→按加油口盖上的值来将轮胎充气至规定压力→接受新的规定压力(存储)→驾车行驶并起动自学习过程。

二、制定方案

根据情境导入中的案例,需要对有车轮位置识别功能的 TPMS 系统进行检测与维修。教师在组织教学的过程中,制定奥迪 A6 有车轮位置识别功能的 TPMS 系统检测与维修方案,如表 4-2 所示。

表 4-2 奥迪 A6 有车轮位置识别功能的 TPMS 系统检测与维修方案表

<table>
<tr><td></td><td colspan="2">奥迪 A6 有车轮位置识别功能的 TPMS 系统检测与维修方案</td></tr>
<tr><td rowspan="2">车辆信息描述</td><td>车辆描述</td><td>奥迪 A6L,行驶里程:58 000 km,出厂时间:2010 年 2 月</td></tr>
<tr><td>故障现象</td><td>车辆在行驶中出现 TPMS 故障灯点亮,下车观察轮胎没有发现轮胎漏气现象,车主进站维修,要求技术维修人员排除该故障</td></tr>
<tr><td>设备/工具/耗材要求</td><td colspan="2">设备:奥迪 A6L 一辆、V. A. S505X、轮胎拆装机;
工具:常用工具、气压表、车轮拆装工具;
耗材:手套</td></tr>
</table>

续　表

	奥迪 A6 有车轮位置识别功能的 TPMS 系统检测与维修方案
安全要求及注意事项	1. 安全要求： （1）严格按照维修手册要求的流程进行操作； （2）听从老师管理，禁止随意操作实训车辆、设备等； （3）安全操作，禁止明火； （4）注意劳动保护。 2. 操作注意事项： （1）正确使用诊断仪器； （2）操作必须在老师的指导下进行
工作步骤	1. 打开点火开关； 2. 连接 V. A. S505X 进入 TPMS 系统； 3. 读取故障码，数据块； 4. 将轮胎气压加注到标准值； 5. 存储轮胎气压； 6. 试车； 7. 再次读取数据块； 8. 更换 J502 必须要编码并激活系统（根据引导性故障导航操作）

教师对学生进行分组，每组选出一个小组长，小组长根据小组成员任务分工不同，确定不同任务的责任人。小组成员任务的划分可以参考下面的小组任务分配表，如表 4－3 所示。

表 4－3　小组任务分配表

	小组任务	个人职责（任务）	小组成员
1	任务前期准备工作	准备该任务的设备、工具、耗材	
2	安全检查	主要负责工具设备使用情况和操作工作的安全监督	
3	故障检测	负责使用 V. A. S505X 对系统进行检测	
4	更换 J502	负责拆装 J502，编码和激活系统	
5	胎压存储	负责 TPMS 系统胎压存储操作	
6	竣工检查工作	检查所有的设备器材是否齐全	

实训中如果没有该车型，可以参考奥迪 A6 有车轮位置识别功能的 TPMS 系统检测与维修方案，并查阅该实训车型的维修手册，制定该车型有车轮位置识别功能的 TPMS 系统检测与维修方案，如表 4－4 所示。

表4-4　有车轮位置识别功能的TPMS系统检测与维修方案表

	________乘用车有车轮位置识别功能的TPMS系统检测与维修方案	
车辆信息描述	车辆描述	
	故障现象	
设备/工具/耗材要求		
安全要求及注意事项		
工作步骤		

三、实施

依据制定方案实施，并填写项目单，如表4-5和表4-6所示。

表4-5　实训结果项目表(一)

在下图中标注出奥迪有车轮识别功能TPMS系统各部件位置：

表 4-6　实训结果项目表(二)

数据块读取：	
地址码 65	数据显示
测量数据块 01	
测量数据块 02	
测量数据块 03	
测量数据块 04—06	
测量数据块 07—09	
测量数据块 10—12	
测量数据块 13—15	
测量数据块 16	
测量数据块 17	
测量数据块 20	
测量数据块 21	
测量数据块 30	
测量数据块 31	
测量数据块 32	
测量数据块 125	
测量数据块 126	

四、作业

1. 通过实训后完善本任务的实施方案。

2. 请简述轮胎气压的存储步骤。

项目2 无车轮位置识别功能的TPMS系统检测与维修

一、知识链接

1. 无车轮位置识别功能的TPMS系统

在大众系统车型使用的没有车轮位置识别功能的轮胎压力监控系统上，每个车轮上都装有车轮电控装置。车轮电控装置以一定的时间间隔发送出数据，这些数据由中央门锁和防盗警报装置天线来接收并传送到轮胎压力监控控制单元J502。该控制单元以一个专用的诊断地址集成在舒适系统中央控制单元内。系统构成及数据交换如图4-8所示，电路如图4-9所示。

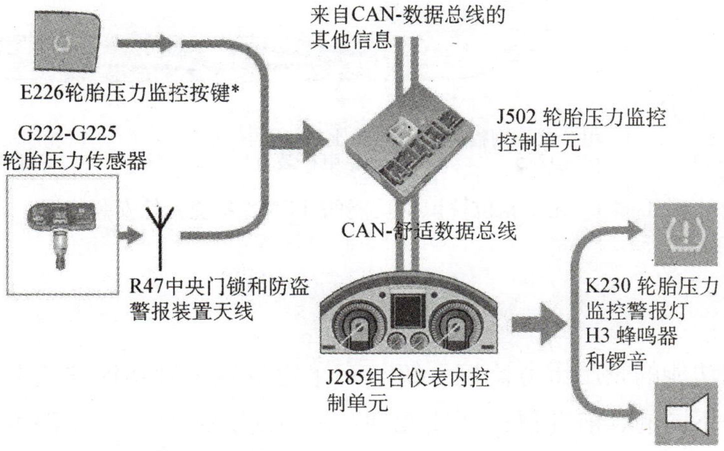

图4-8 无车轮位置识别功能的TPMS系统组件

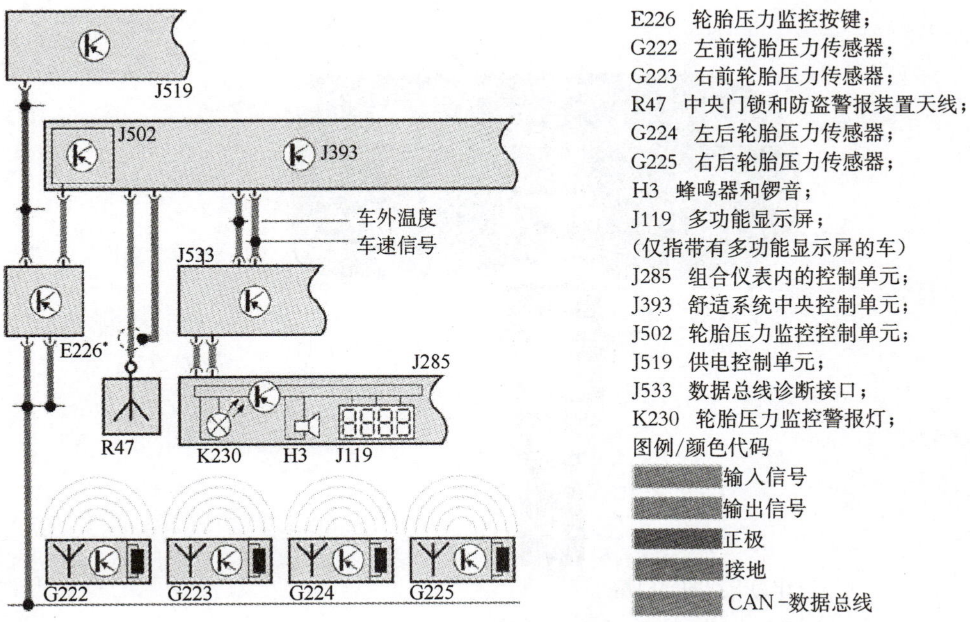

图4-9 无车轮位置识别功能的TPMS系统电路图

车辆在出厂时已经在控制单元内存储了轮胎压力规定值(监控气压值),这些压力值适用于装有大众公司认可的轮胎的车轮,这样的轮胎标注在加油口盖上。对于这种车轮来说,部分负载和满载时的轮胎规定压力是预设的,无法改动。

驾驶人可通过位于中央副仪表板上的一个按键在部分负载和满载之间切换、查询状态以及接通或关闭轮胎压力监控系统。电器元件安装位置如图 4-10 所示。

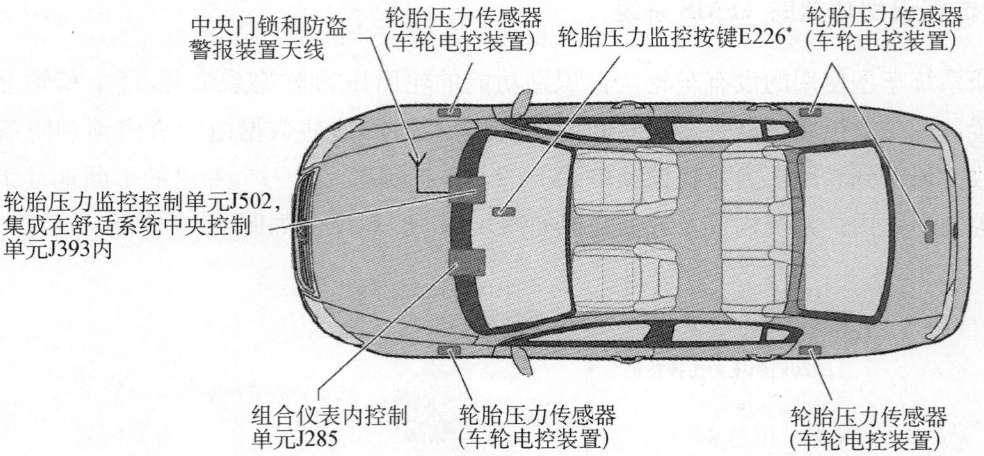

图 4-10　无车轮位置识别功能的 TPMS 系统元件安装位置

2. 车轮电控装置

无车轮位置识别功能的轮胎压力监控系统与有车轮位置识别功能的轮胎压力监控系统,其车轮电控装置的结构是不同的。前者包括下述元件:一个压力传感器,一个温度传感器,一个加速度传感器,一块电池,一套测量和控制电子装置,一个发射天线,如图 4-11 所示。

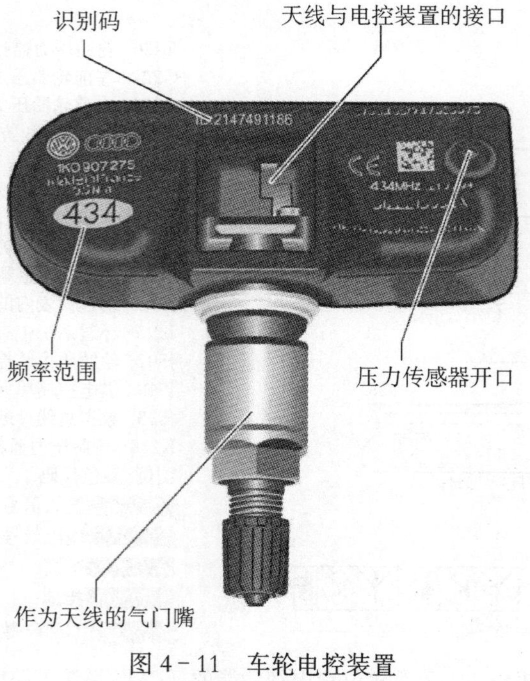

图 4-11　车轮电控装置

气门嘴作为天线来使用，可防止轮胎层屏蔽信号，其通过一根导线与车轮上的测量和控制电子装置连接在一起。

技术数据：

(1) 由耐高温锂-离子电池(寿命约10年)来供电。

(2) 发射频率为315 MHz和434.42 MHz(根据国家不同而不同，德国为434.42 MHz)。

(3) 重约45 g(包括气门嘴)。

(4) 工作温度为-40℃～120℃信号发射时间间隔。

(5) 车速高于25 km/h时的信号发射时间间隔：最开始的30个数据电报是每15 s发送一次，随后的数据电报是每60 s发送一次。

(6) 在快速发射模式时(失压>0.2 bar/min)，每15 s发送一次。

车辆停止时，在未出现轮胎压力快速变化时不发出数据电报；当车速高于25 km/h时，以15 s的时间间隔发出30个数据电报；正常的行驶状态时，每分钟发出一个数据电报。

3. 大众无车轮识别TMPS警告灯

大众无车轮识别TMPS警告有：轮胎实际压力值比规定压力值低0.3～0.4 bar(无锣音的轻微警告)；轮胎实际压力值比规定压力值低0.4 bar以上，但不是突然出现这种情况(有锣音的严重警报)；轮胎实际压力值与规定压力值突然相差过大，速度超过0.2 bar/min(有警报音的严重警报)。如果该车上使用的无车轮位置识别功能的轮胎压力监控系统的某个元件失效，或者识别出现功能故障的情况，系统也会通过组合仪表上的轮胎压力监控警告灯来提醒驾驶人。具体故障现象可参考表4-7。

表4-7　无识别TMPS系统故障状态

状态	视觉信号	声响信号	组合仪表显示屏上的文字信息
接通点火开关	 2 s	无	无
轻微警告：与轮胎压力规定值有微小偏差(0.3～0.4 bar)	无	无	检查轮胎压力 (点火开关接通后约5 s)
带有锣音的严重警告：与轮胎压力规定值有较大偏差(超过0.4 bar)	… 直至轮胎压力又达到规定值	一声锣音轮胎	压力过低(通过多功能显示屏按钮来隐藏)
带有警报音的严重警告：轮胎压力突然发生变化(超过0.2 bar/min)	… 直至轮胎压力又达到规定值	一声警报音	轮胎损坏
系统故障或无线电干扰	… 直至故障和干扰被排除	无	无

4. 故障检测

对于无车轮位置识别功能的轮胎压力监控系统来说，其车轮电控装置信号由中央门锁和防盗警报装置天线进行中央接收，因而就无法分配车轮电控装置的位置。检测步骤参考表4-8。

表 4-8　无车轮位置识别功能的轮胎压力监控系统检测步骤

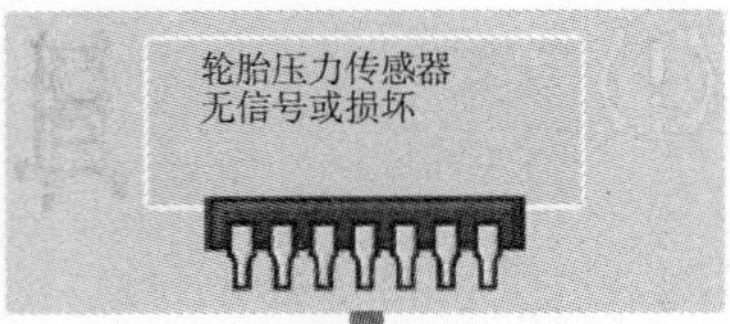	1. 下面的这些迹象表示某个车轮电控装置已损坏：①显示出轮胎压力监控系统故障；②从故障存储器中读出（轮胎压力传感器无信号/通讯或轮胎压力传感器损坏）
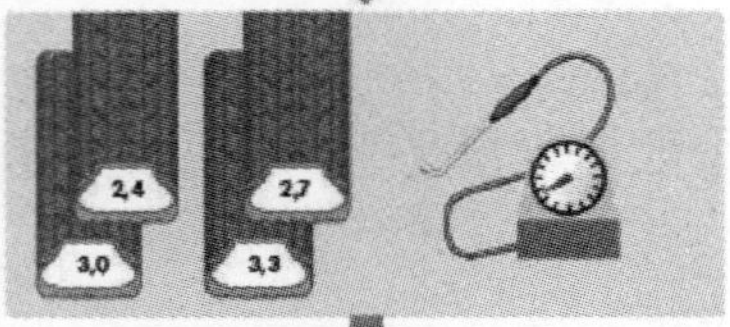	2. 可按下述方法来检测某个车轮电控装置：给四个轮胎充气，使得这四个轮胎的压力都不相同，记下这些轮胎压力及位置
	3. 以 25 km/h 的速度行驶约 1 min
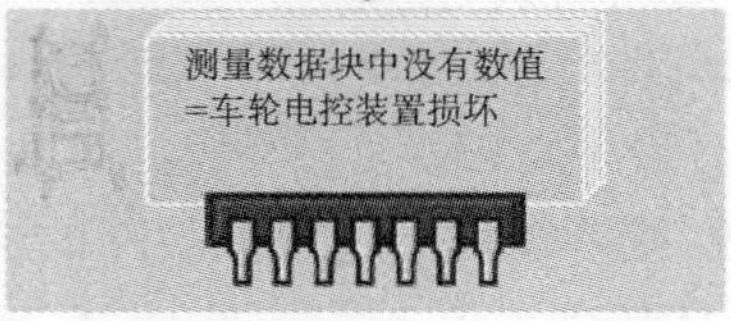	4. 读取测量数据块：如果某个车轮在测量数据块中没有轮胎内温度和当前充气压力，那么这个车轮的电控装置就是损坏了

5. 使用另一种压力规定值的轮胎

如果车上装用了轮胎压力规定值与加油口盖上的规定值不同的轮胎，那么这些轮胎（第二套车轮）也可以用轮胎压力监控系统来监控。第二套车轮的轮胎压力规定值必须使用 V. A. S5051/V. A. S5052 在系统中进行设置。轮胎压力监控系统不能自动识别和学习（就像常规轮胎的电控装置那样）第二套车轮的车轮电控装置。要想切换到第二套车轮，必须进行下述工作：

(1) 安装前要先读取车轮电控装置（轮胎压力传感器）的识别码（ID）；

(2) 将轮胎压力监控系统切换到第二套车轮；

(3) 将所需要的轮胎压力规定值和车轮电控装置的识别码输入到系统中。选择适配通道见表 4-9。

表 4-9　适配通道

地址码 65	指　令
通道 2	将监控从第一套车轮切换到第二套车轮或反之
通道 10—12	输入第二套车轮的识别码
通道 5	车桥 1 满载时的压力规定值
通道 6	车桥 1 部分负载时的压力规定值 *
通道 7	车桥 2 满载时的压力规定值

续　表

地址码 65	指　　令
通道 8	车桥 2 部分负载时的压力规定值 *
测量数据块 25	被监控的是哪套车轮
测量数据块 24	第二套车轮的规定压力
测量数据块 23	第一套车轮的规定压力

如果又换用了具有加油口盖上规定压力值的车轮，那么必须使用 V. A. S5051/V. A. S5052 再次进行设定（第一套车轮）。系统可以自动学习车轮电控装置，不必输入识别码。

二、制定方案

根据情境导入中的案例，需要对无车轮位置识别功能的 TPMS 系统进行检测与维修。教师在组织教学的过程中，制定大众迈腾无车轮位置识别功能的 TPMS 系统检测与维修方案，如表 4 - 10 所示。

表 4 - 10　大众迈腾无车轮位置识别功能的 TPMS 系统检测与维修方案表

<table>
<tr><td></td><td colspan="2">大众迈腾无车轮位置识别功能的 TPMS 系统检测与维修方案</td></tr>
<tr><td rowspan="2">车辆信息描述</td><td>车辆描述</td><td>大众迈腾，行驶里程：48 000 km，出厂时间：2009 年 7 月</td></tr>
<tr><td>故障现象</td><td>车辆在行驶中出现 TPMS 故障灯点亮，下车观察轮胎没有发现轮胎漏气现象，车主进站维修，要求技术维修人员排除该故障</td></tr>
<tr><td>设备/工具/耗材要求</td><td colspan="2">设备：大众迈腾一辆、V. A. S505X、轮胎拆装机；
工具：常用工具、气压表、车轮拆装工具；
耗材：手套</td></tr>
<tr><td>安全要求及注意事项</td><td colspan="2">1. 安全要求：
（1）严格按照维修手册要求的流程进行操作；
（2）听从老师管理，禁止随意操作实训车辆、设备等；
（3）安全操作，禁止明火；
（4）注意劳动保护；
2. 操作注意事项：
（1）正确使用诊断仪器；
（2）操作必须在老师的指导下进行</td></tr>
<tr><td>工作步骤</td><td colspan="2">1. 打开点火开关；
2. 连接 V. A. S505X 进入 TPMS 系统；
3. 将四个车轮调整不同气压并记录；
4. 试车；
5. 读取故障码，数据块；
6. 将轮胎气压加注到标准值；
7. 存储轮胎气压；
8. 试车；
9. 再次读取数据块；
10. 确定故障</td></tr>
</table>

教师对学生进行分组，每组选出一个小组长。小组长根据小组成员任务分工不同，确定不同任务的责任人。小组成员任务的划分可以参考下面的小组任务分配表，如表4-11所示。

表4-11 小组任务分配表

	小组任务	个人职责(任务)	小组成员
1	任务前期准备工作	准备该任务的设备、工具、耗材	
2	安全检查	主要负责工具设备使用情况和操作工作的安全监督	
3	故障检测	负责使用V. A. S505X对系统进行数据读取和记录	
4	胎压调整	负责TPMS系统胎压进行调整操作	
5	竣工检查工作	检查所有的设备器材是否齐全	

实训中如果没有该车型，可以参考大众迈腾无车轮位置识别功能的TPMS系统检测与维修方案，并查阅该实训车型的维修手册，制定该车型无车轮位置识别功能的TPMS系统检测与维修方案，如表4-12所示。

表4-12 无车轮位置识别功能的TPMS系统检测与维修方案

	________乘用车无车轮位置识别功能的TPMS系统检测与维修方案	
车辆信息描述	车辆描述	
	故障现象	
设备/工具/耗材要求		
安全要求及注意事项		
工作步骤		

三、实施

依据制定的方案实施，并填写项目单，如表4－13所示。

表4－13　实训结果项目表

标注下图中的部件名称和数据交换方向：
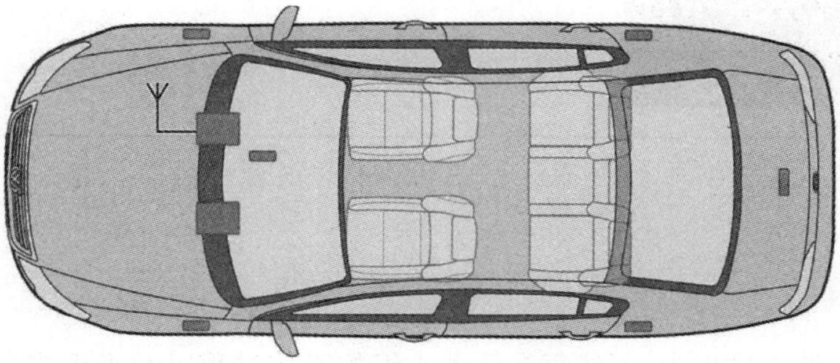

四、作业

1. 通过实训后完善本任务的实施方案。

2. 简述轮胎压力在什么情况下系统会报警？

检查与评估

1. 学生自我检查

学生通过对任务1的学习，独立结合实训车辆填写学习情况检查表（表4－14），以检测自己对任务1学习的掌握情况。

表 4－14　学习情况检查表

根据学习大众直接式 TPMS 轮胎压力检测系统，分析有车轮位置识别和无车轮位置识别两种功能的区别：

2. 指导教师评估

指导老师在整个教学过程中，关注每个活动小组的工作过程以及小组成员的动手能力，并对小组成员动手能力进行考核，填入表 4－15。

表 4－15　指导教师评估表

	考核量化指标	分值(总分)	学生得分
1	能时刻注意保护车辆安全	5	
2	能时刻注意自我的人身保护	5	
3	使用工具熟练程度	5	
4	能够积极完成本职工作	10	
5	能够熟练查询维修手册	10	
6	能够完成 TMPS 系统检测与维护	15	
7	能够检查更换 TPMS 轮胎压力传感器及编码	15	
8	能够对 TPMS 系统故障排除	15	
9	能够完成实训结果项目表的填写	10	
10	能够完成学习情况检查表的填写	10	
总计			

任务2　间接式 TPMS 故障灯常亮的故障诊断与维修

任务描述

一、学习目标

	1. 能够完成间接式 TPMS 系统故障诊断与维修； 2. 能够完成间接式 TPMS 系统故障分析

二、学习内容

	1. 奥迪 A6L 间接式 TPMS 故障诊断与维修； 2. 间接式 TPMS 系统组成； 3. 间接式 TPMS 系统故障分析

项目　间接式 TPMS 系统诊断与维修

一、知识链接

1. 间接式 TPMS 系统

Wheel-Speed Based TPMS，简称 WSB。该系统是通过汽车 ABS 系统的轮速传感器来比较轮胎之间的转速差别，以达到监测胎压的目的。ABS 通过轮速传感器来确定车轮是否抱死，从而决定是否起动防抱死制动系统。当轮胎压力降低时，车辆的重量会使轮胎直径变小，这就会导致车速发生变化，这种变化即可用于触发警报系统来向驾驶人发出警告，属于事后被动型。系统构成及数据交换如图 4－12 所示，组件位置如图 4－13 所示。

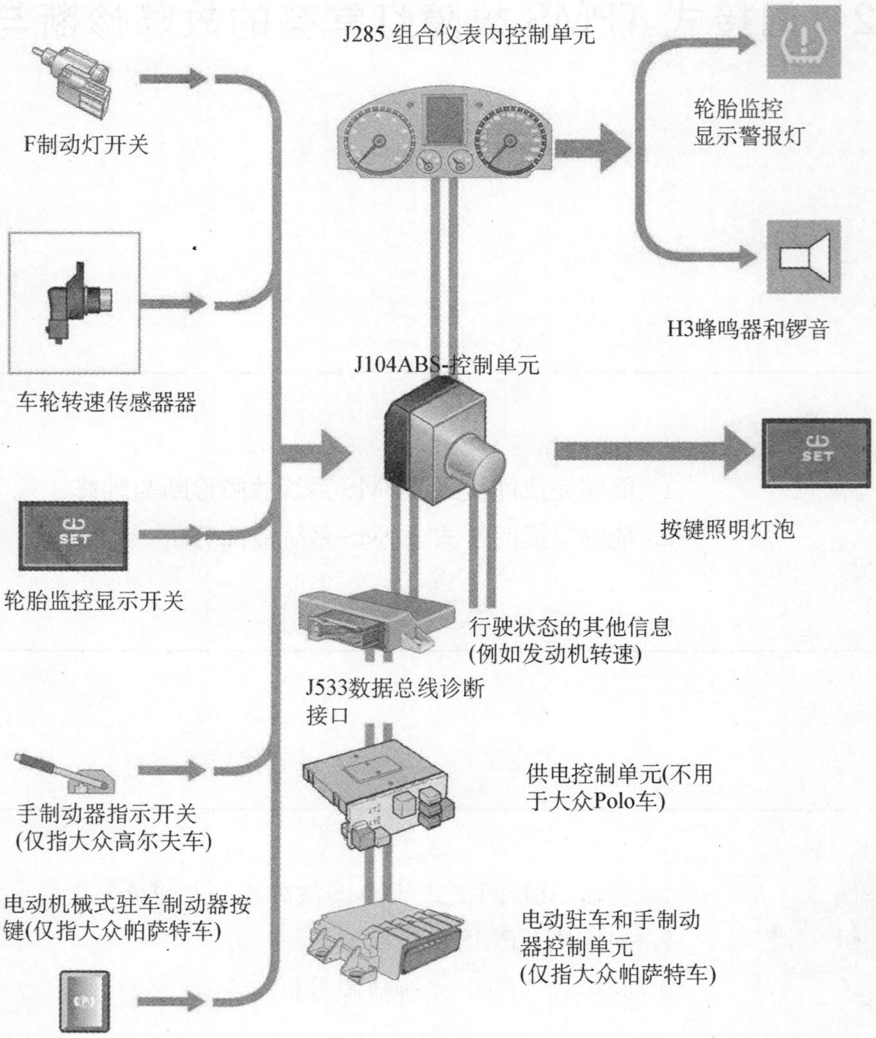

图 4－12　系统构成及数据交换

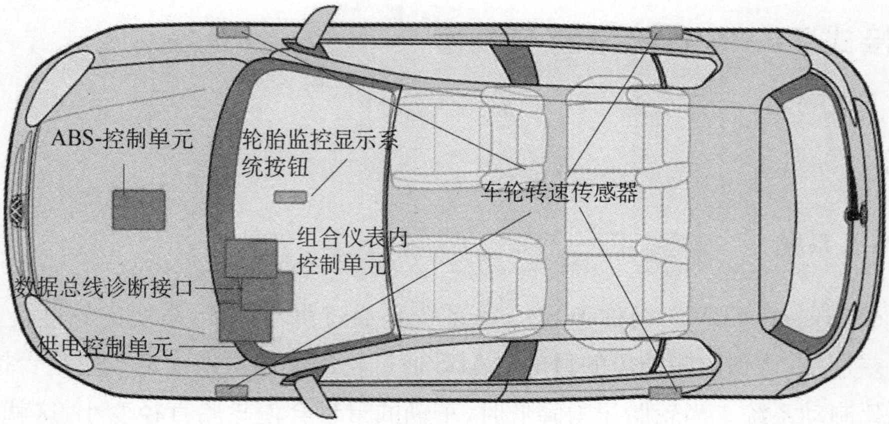

图 4－13　系统组件在车辆上的位置

2. 故障报警

在行驶过程中如出现轮胎压力过高或过低，元件失效，或者识别出功能故障，间接式 TPMS 系统会通过组合仪表上的轮胎压力监控警告灯来提醒驾驶人。具体故障现象可参考表4－16。

表 4－16　故障指示灯内容

状态	视觉信号	声响信号
轮胎压力警告	… 直至轮胎压力匹配后再进行系统校准为止	每次打开点火开关后就听到一声锣音
在出现轮胎压力警报时点火开关打开	… 直至轮胎压力匹配后再进行系统校准为止	每次打开点火开关后就听到一声锣音
系统故障	… 直至系统故障被排除。无法通过操纵该按键来执行重新校准过程	无

间接式胎压监测系统会比较四只轮胎转动次数的不同。然而导致轮胎转动次数不同的原因，除了胎压不足外，还有以下可能的原因：

(1) 轮胎气压不足；

(2) 轮胎气压过高；

(3) 轮胎压力发生变化，但没有重新设置过轮胎压力监视系统；

(4) 轮胎调换或更换，但没有重新设置过轮胎压力监视系统；

(5) 高速转向；

(6) 路面状况导致车轮打滑(如下雨、下雪、结冰、砂石、泥泞等)；

(7) 使用不同型号的车轮；

(8) 车辆负载；

(9) 地盘维修；

(10) 系统故障或元件损坏。

3. 间接式 TPMS 系统校准

在每次更改充气压力、修理底盘及更换轮胎后，必须进行一次系统校准，以便确定新的参考数据(因为轮胎的特性总是在变化中)。操作步骤见表 4－17。

更换 ABS 控制单元，必须通过编码将其激活并与该车的制动器规格进行匹配。激活代码编制完成后，轮胎监控显示系统会自动开始系统校准。可根据 V. A. S505X 诊断仪器的故障导航进行操作。对于 10 年以上的奥迪车辆仍需要在线匹配和编码。

表 4-17　间接式 TPMS 系统校准操作步骤

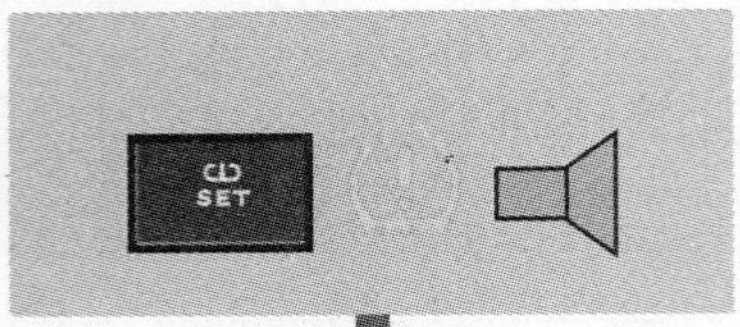	起动校准： 要想起动校准过程，必须按住轮胎监控 SET 按键 2 s， 这时组合仪表上的指示灯会亮约 2 s，另外还有一声锣音
	在正常行驶过程中，轮胎监控显示系统按照驾驶人给轮胎充的气压和所安装的轮胎进行校准
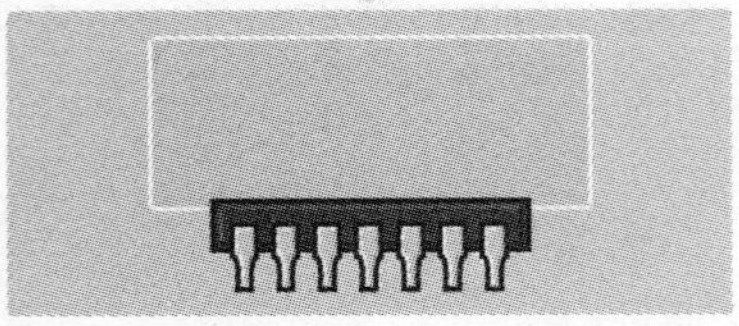	随着校准过程的进行，系统逐渐进入轮胎压力监控状态。车辆行驶几分钟后，系统就可以以刚刚“学习”到的车速和行驶状况来进行大致的监控了

二、制定方案

根据情境导入中的案例，需要对间接式 TPMS 系统进行诊断与维修。教师在组织教学的过程中，制定大众帕萨特间接式 TPMS 系统诊断与维修方案，如表 4-18 所示。

表 4-18　大众帕萨特间接式 TPMS 系统诊断与维修方案表

	大众帕萨特间接式 TPMS 系统诊断与维修方案	
车辆信息描述	车辆描述	大众帕萨特，行驶里程：38 000 km，出厂时间：2010 年 2 月
	故障现象	车辆在行驶中出现 TPMS 故障灯点亮，下车观察轮胎没有发现轮胎漏气现象，车主进站维修，要求技术维修人员排除该故障
设备/工具/耗材要求	设备：大众帕萨特一辆、V. A. S505X、轮胎拆装机、举升机； 工具：常用工具、气压表、车轮拆装工具； 耗材：手套	
安全要求及注意事项	1. 安全要求： (1) 严格按照维修手册要求的流程进行操作； (2) 听从老师管理，禁止随意操作实训车辆、设备等； (3) 安全操作，禁止明火； (4) 注意劳动保护。 2. 操作注意事项： (1) 正确使用诊断仪器； (2) 操作必须在老师的指导下进行	

续　表

	大众帕萨特间接式 TPMS 系统诊断与维修方案
工作步骤	1. 打开点火开关； 2. 连接 V. A. S505X； 3. 检查 ABS 系统是否存在故障； 4. 检查轮胎型号； 5. 检查轮胎气压并调整； 6. 检查底盘； 7. 校准间接式 TPMS 系统； 8. 试车

教师对学生进行分组，每组选出一个小组长。小组长根据小组成员任务分工不同，确定不同任务的责任人。小组成员任务的划分可以参考下面的小组任务分配表，如表 4－19 所示。

表 4－19　小组任务分配表

	小组任务	个人职责（任务）	小组成员
1	任务前期准备工作	准备该任务的设备、工具、耗材	
2	安全检查	主要负责工具设备使用情况和操作工作的安全监督	
3	故障检测	负责使用 V. A. S5051 对系统进行数据读取和记录	
4	胎压调整	负责 TPMS 系统胎压进行调整、检查操作	
5	底盘检查	负责检查车轮轴承、摆臂、悬架等	
6	竣工检查工作	检查所有的设备器材是否齐全	

实训中如果没有该车型，可以参考大众帕萨特间接式 TPMS 系统诊断与维修方案，并查阅该实训车型的维修手册，制定该车型间接式 TPMS 系统诊断与维修方案，如表 4－20 所示。

表 4－20　间接式 TPMS 系统诊断与维修方案表

	________乘用车间接式 TPMS 系统诊断与维修方案	
车辆信息描述	车辆描述	
	故障现象	
设备/工具/耗材要求		
安全要求及注意事项		
工作步骤		

三、实施

依据制定方案实施，并填写项目单，如表 4－21 所示。

表 4－21　实训结果项目表

检修间接式 TPMS 系统	
故障灯是否亮	
检查项目	
间接式 TPMS 系统校准步骤	

四、作业

1. 通过实训后完善本任务的实施方案。

2. 思考：如果把四个车轮胎气压统一调整到 0.9 bar，间接式 TPMS 系统是否会报警？为什么？

检查与评估

1. 学生自我检查

学生通过对任务 2 的学习，独立结合实训车辆填写学习情况检查表（表 4－22），以检测自己对任务 2 学习的掌握情况。

表 4－22　学习情况检查表

<table>
<tr><td rowspan="3"></td><td>间接式轮胎压力监测系统检查的工作原理：</td></tr>
<tr><td>间接式轮胎压力监测与直接式轮胎压力监测在工作方式上有什么区别：</td></tr>
<tr><td>间接式轮胎压力监测存在什么缺点：</td></tr>
</table>

2. 指导教师评估

指导老师在整个教学过程中，关注每个活动小组的工作过程以及小组成员的动手能力，并对小组成员的动手能力进行考核，填入表 4－23。

表 4-23　指导教师评估表

	考核量化指标	分值(总分)	学生得分
1	能时刻注意保护车辆安全	5	
2	能时刻注意自我的人身保护	5	
3	使用工具熟练程度	5	
4	能够积极完成本职工作	10	
5	能够熟练查询维修手册	10	
6	能够根据使用仪器设备完成 TPMS 系统故障查询	15	
7	能够根据流程方法完成系统检测	15	
8	能够根据间接式 TPMS 系统进行校正	15	
9	能够完成实训结果项目表的填写	10	
10	能够完成学习情况检查表的填写	10	
总计			

学习情境5　电子控制转向系统诊断与维修

学习目标

	1. 能够完成液压式电控动力转向系统的故障诊断与维修； 2. 能够完成电动式电控动力转向系统的故障诊断与维修

情境导入

	**车　　型：**大众 POLO； **行驶里程：**78 000 km； **出厂时间：**2009 年 5 月。 **故障现象：** 　　该车低速转向沉重，动力转向故障灯常亮

任务 1　液压式电控动力转向系统故障灯常亮故障诊断与维修

任务描述

一、学习目标

	1. 能够完成电动液压泵的更换； 2. 能够完成液压式电控动力转向系统故障诊断与维修

二、学习内容

	1. 液压式电控动力转向系统的组成及结构原理； 2. 液压式电控动力转向系统的检查方法； 3. 液压式电控动力转向系统电动液压泵的更换与设定

项目　液压式电控动力转向系统故障灯常亮故障诊断与维修

一、知识链接

1. 液压式电控动力系统

液压式电控动力系统主要由传感器、电子控制单元、液压泵、控制液体流入的电磁阀、转向机、仪表指示灯等组成。控制单元根据车辆行驶的速度和转向角等信号输入信号计算出理想的输出信号，通过液压控制液体流量电磁阀向普通动力转向装置的转向机提供适当的液压助力，使转向动力的放大倍率连续可调。系统组成如图 5 - 1 所示。

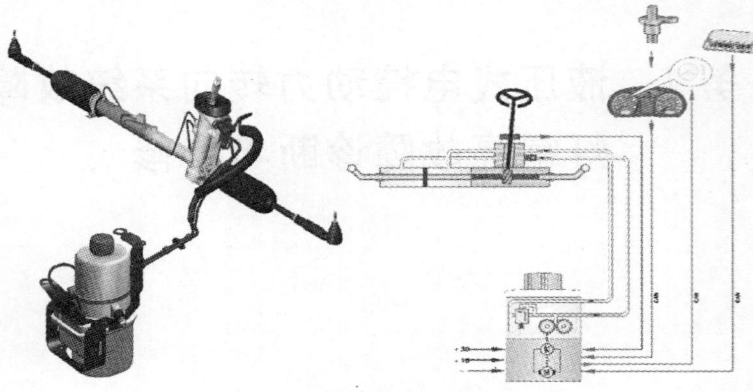

图 5－1　液压式电控动力系统

液压式电控动力系统控制：当转向油液温度达到 115℃，计算机逐渐限制液压泵的功率，以避免由于电子元件发热而导致电机或计算机受损；待系统冷却后，又恢复液压泵的功率水平；如果温度达到 130℃，系统便停止工作。控制方式如图 5－2 所示。

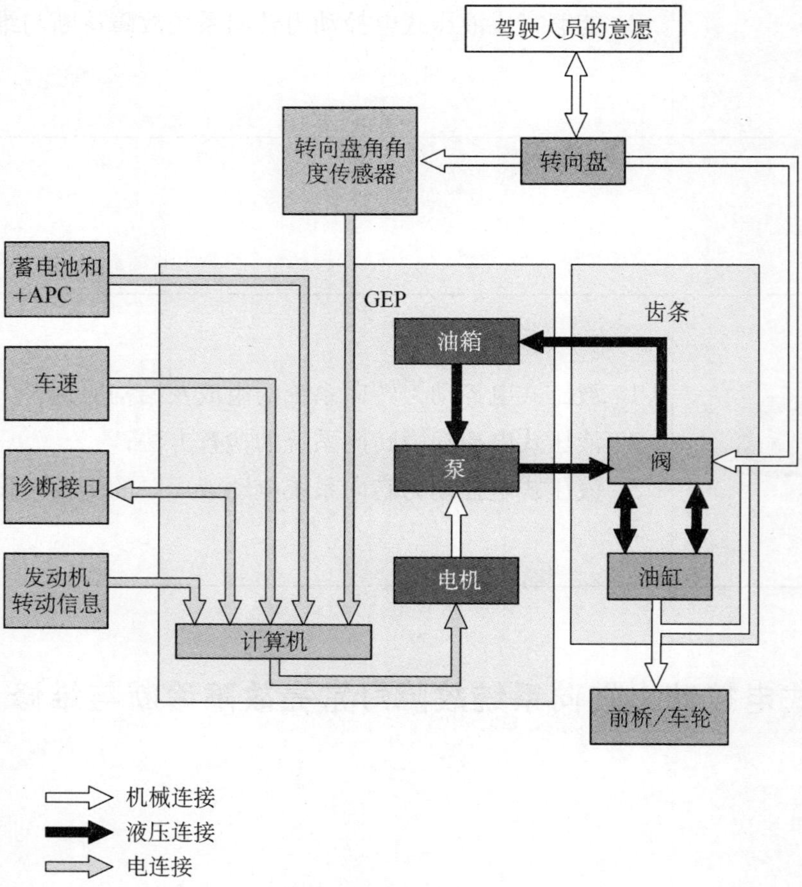

图 5－2　液压式电控动力系统控制方式

2. 电动液压泵

电动机驱动的液压泵代替了机械液压助力转向系统中的机械液压泵，对转向系统提供助力。电机、液压泵、控制单元安装在一起的电动液压泵如图 5－3 所示。电动液压泵拆解如图 5－4 所示。

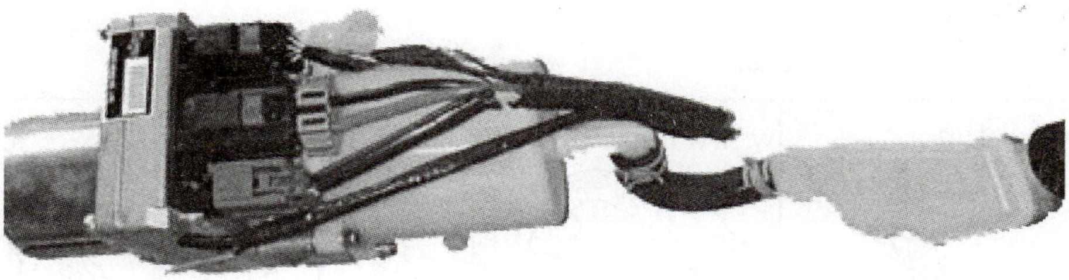

图 5－3　电动液压泵

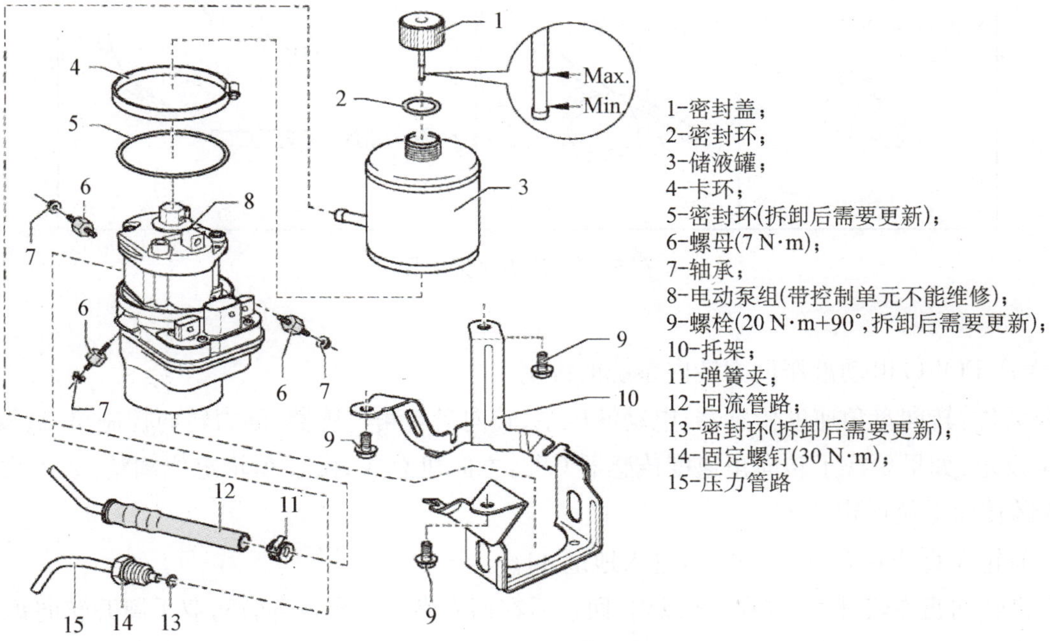

图 5－4　电动液压泵分解图

3. 液压式电控动力系统检查

1）基本检查

检查转向液面、检查转向油液管路、检查转向机等。

2）系统压力检查

接好压力表和节流阀，将节流阀打开，起动发动机并以怠速运转，将节流阀关闭，在 1～5 s 内读取记录压力值(标准值 90～105 bar，没有达到更换电动泵组)；打开节流阀，将转向盘左右打到极限位置，读取记录压力值(如果读数大大低于第一次测试值，表明系统泄漏)。压力测试工具如图 5－5 所示。

3）电控系统检查

使用 V. A. G1552 或者 V. A. S5051 输入地址 44 可执行功能：01—查询转向控制单元版本号→02—查询故障存储器→05—清除故障存储器中的内容→06—结束输出→07—转向控制单元编码，早期编码：00110，目前编码：00140→08—有 4 个数据块，共 16 个数据。

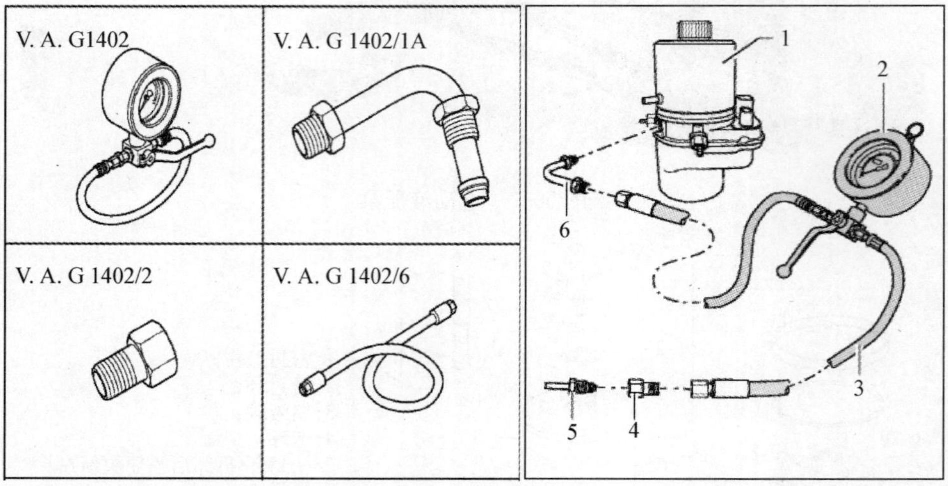

图 5-5　压力测试工具

4）大众 POLO 电动液压助力转向系统的设定

主要元件：转向盘角速度传感器、电动液压泵、转向盘转角传感器、助力转向控制单元、故障灯。

基本设定：如果更换了转向角速度传感器 G85，方向机总成，做了车轮定位调整，或出现故障码 00778 要做转向零位设定如下：

(1) 前轮在直线状态，连接 5051，进入地址 44；

(2) 将转向盘左转 4°～5°(在 10°以内)回正后在向右转 4°～5°，再回正，双手离开转向盘；

(3) 输入 11 登陆在输入 3187，再返回；

(4) 输入 04 基本设定，输入通道 60，确定；

(5) 退出系统。

设定时，发动机不可以运转，回正双手不能转动方向，如果更换转向角速度传感器或方向机，做车轮定位或出现故障码 02546，需进行转向极限位置设定如下：

(1) 前轮在直线位置起动发动机；

(2) 方向左转 10°左右，停 1～2 s，回正后向右转 10°，停 1～2 s，回正，双手离开转向盘，停 1～2 s，然后方向向左打死，停 1～2 s，再向右打死，停 1～2 s，关闭 KEY6 s。在做完转向零位设定和极限位置设定后，必须用 5051 查看，确是转向系统无故障，设定工作才能结束。

转向助力大小设定如下：

(1) 连接 5051 进入 44(转向系统)；

(2) 输入功能 10(调整匹配)；

(3) 在输入通道号 01，确认；

(4) 在 5051 屏幕上选择合适的助力值(0—15)挡，保存。

二、制定方案

根据情境导入中的案例，需要对液压式电控动力转向系统故障进行诊断与维修。教师在组织教学的过程中，制定大众 Polo 液压式电控动力转向系统故障的诊断与维修方案，如表 5－1 所示。

表 5－1　大众 POLO 液压式电控动力转向系统故障诊断与维修方案表

<table>
<tr><td></td><td colspan="2">大众 POLO 液压式电控动力转向系统故障诊断与维修方案</td></tr>
<tr><td rowspan="2">车辆信息描述</td><td>车辆描述</td><td>大众 POLO，行驶里程：78 000 km，出厂时间：2009 年 5 月</td></tr>
<tr><td>故障现象</td><td>该车低速转向沉重，动力转向故障灯常亮</td></tr>
<tr><td>设备/工具/耗材要求</td><td colspan="2">设备：大众 POLO 乘用车，V. A. G5051. 举升机；
工具：开口扳手、套筒工具、扭力扳手、卡环钳、接油盘、抽油机、轮胎扳手；
耗材：抹布、转向油液</td></tr>
<tr><td>安全要求及注意事项</td><td colspan="2">1. 安全要求：
（1）严格按照维修手册要求的流程进行操作；
（2）对特殊零部件的拆解要使用专用工具；
（3）正确使用举升机；
（4）安全操作，禁止明火；
（5）注意劳动保护。
2. 操作注意事项：
（1）电动液压泵总成电器部分不可拆卸分解；
（2）拆卸前必须要断开蓄电池负极；
（3）密封件和螺栓根据手册要求更换；
（4）回收的油液不能重复使用；
（5）更换电动液压泵后需要对系统进行排空气；
（6）断开蓄电池后必要时需要对收音机进行编码</td></tr>
<tr><td>工作步骤</td><td colspan="2">1. 基本检查：
（1）检查转向机；
（2）检查系统管路；
（3）检查转向油壶；
（4）检查转向油液；
2. 系统压力检查：连接压力表检测系统压力；
3. 电控系统检查：
（1）使用 V. A. G1552 或者 V. A. S5051 读取故障码；
（2）利用检查通道口读取数据；
（3）检查转角传感器；
（4）检查车速传感器；
（5）转向控制单元编码；
4. 更换转向助力泵总成（POLO 电动液压助力转向系统的设定）</td></tr>
</table>

教师对学生进行分组，每组选出一个小组长。小组长根据小组成员任务分工不同，确定不同任务的责任人。小组成员任务的划分可以参考下面的小组任务分配表，如表 5－2 所示。

表 5－2　小组任务分配表

	小组任务	个人职责(任务)	小组成员
1	任务前期准备工作	准备该任务的设备、工具、耗材	
2	安全检查	主要负责工具设备使用情况和操作工作的安全监督	
3	基本检查	负责检查转向油壶、油液、管路、转向机	
4	系统压力检查	负责使用压力表检查系统压力	
5	电控系统检查与设定	负责检查电控部件检测与设定	
6	竣工检查工作	检查所有的设备器材是否齐全	

实训中如果没有该车型，可以参考大众 POLO 液压式电控动力转向系统故障诊断与维修方案，并查阅该实训车型的维修手册，制定该车型液压式电控动力转向系统故障诊断与维修方案，如表 5－3 所示。

表 5－3　液压式电控动力转向系统故障诊断与维修方案表

	________乘用车液压式电控动力转向系统故障诊断与维修方案	
车辆信息描述	车辆描述	
	故障现象	
设备/工具/耗材要求		
安全要求及注意事项		
工作步骤		

三、实施

依据制定方案实施，并填写项目单，如表 5－4 所示。

表 5－4　实训结果项目表

项目	检查部位	检查结果	处理方法
基本检查	油壶		
	油管		
	油液		
	转向机		
系统压力检查	怠速时电控转向系统压力		
	左右转向极限时转向系统压力		
电控系统检查	读取故障码		
	控制器编码		
	传感器检查		
	读取地址码 44 中 08 通道各数据流并记录		

检查与评估

1. 学生自我检查

学生通过对任务 1 的学习，独立结合实训车辆填写学习情况检查表(表 5－5)，以检测自己对任务 1 学习的掌握情况。

表 5－5　学习情况检查表

部件名称	检查项目	处理结果
诊断仪器故障读取		
油壶		
油管		
油液		
转向机		
怠速时电控转向系统压力		
控制单元编码		
是否需要做基本设定		

2. 指导教师评估

指导老师在整个教学过程中，关注每个活动小组的工作过程以及小组成员的动手能力，并对小组成员的动手能力进行考核，填入表 5－6。

表 5－6 指导教师评估表

	考核量化指标	分值(总分)	学生得分
1	能时刻注意保护操作部件安全	5	
2	能时刻注意自我的人身保护	5	
3	使用工具熟练程度	5	
4	能够积极完成本职工作	10	
5	能够熟练查询维修资料	10	
6	能够根据方案检查转向机构部件	15	
7	能够根据方案使用检测仪器检查系统故障机系统压力	15	
8	能够根据方案完成更换控制单元后的编码及基本设定	15	
9	能够完成实训结果项目表的填写	10	
10	能够完成学习情况检查表的填写	10	
总计			

任务2　电动式电控动力转向左侧转向无助力的故障诊断与维修

任务描述

一、学习目标

	1. 能够完成电动式电控转向部件的检修； 2. 能够完成电动式电控动力转向系统故障诊断与维修

二、学习内容

	1. 电动式电控动力转向系统的组成及结构原理； 2. 电动式电控动力转向系统的检查方法

项目　电动式电控动力转向左侧转向无助力的故障诊断与维修

一、知识链接

1. 电动式电控转向系统的基本组成

大众汽车电动式电控转向系统主要由扭矩传感器、转角传感器、车速传感器、电动机、电磁离合器、减速机构、电子控制单元组成，如图5-6所示。

2. 控制系统组成及控制原理

与液压式转向装置相比，电动机械式助力转向装置有很多优点。它可帮助驾驶人减轻体力上和精神上的劳累程度，这是通过"按需"方式来实现的，也就是说，只有当驾驶人需要转向助力时，助

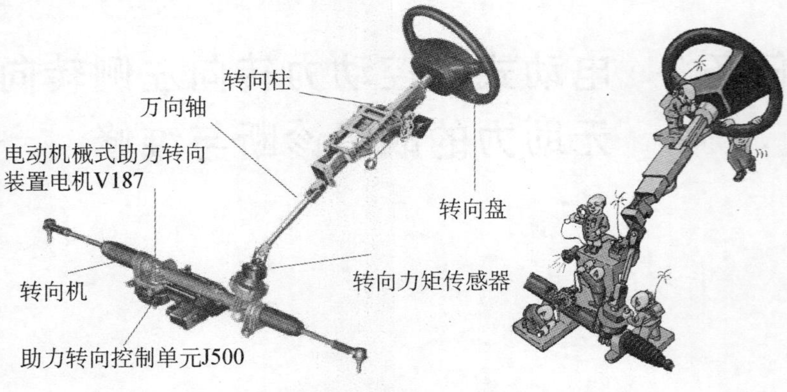

图 5－6　大众电动式电控转向系统的基本组成

力装置才会工作。转向助力取决于车速、转向力矩以及转向角。系统数据交换 CAN 总线如图 5－7 所示。

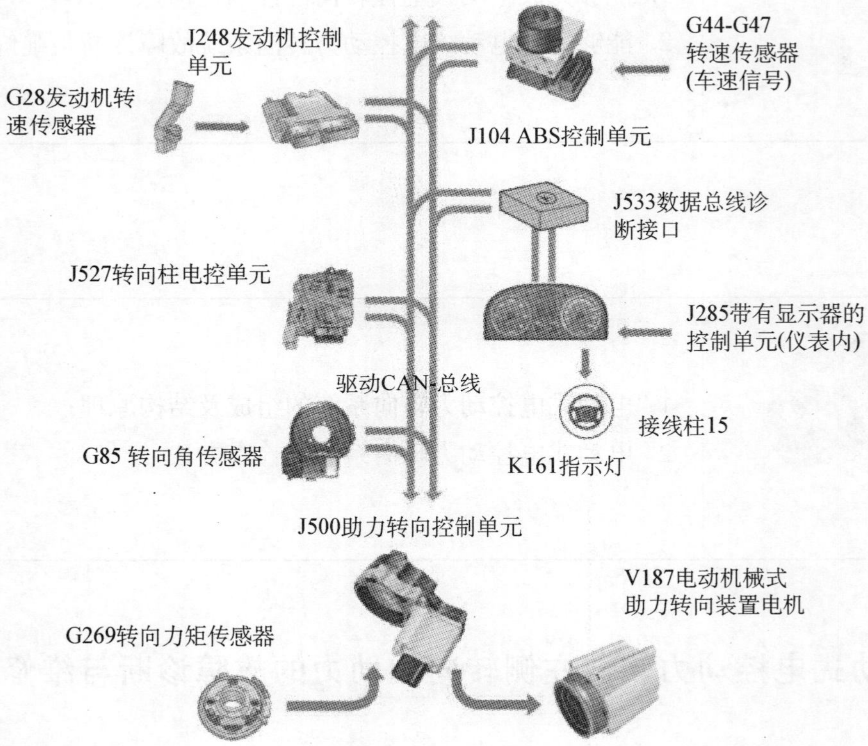

图 5－7　电动式动力转向系统数据交换 CAN 总线

3. 传感器的检测

1）转向角传感器（图 5－8）

转向角传感器 G85 位于安全气囊的复位环（带有滑环）的后面，在转向柱开关和转向盘之间的转向柱上。转向角传感器通过 CAN－数据总线将用于计算转向角的信号传送给转向柱电控单元。

图 5－8　转向角传感器

信号中断的影响：如果转向角传感器出现故障（指示灯 K161 亮起），就会起动一个应急程序，用一个替代值来取代这个信号。转向助力功能仍保持完全正常状态。

2）转向力矩传感器（图 5－9）

转向盘上作用的力矩是由转向力矩传感器直接在转向小齿轮上测得的。转向力矩传感器是根据磁阻效应来工作的，其采用双体（超静定）结构，最大限度地保证其可靠性。转向柱和转向机在力矩传感器处通过一个扭力杆连在一起，与转向柱相联接的部件上由一个磁电极感应转子，其周围有24 个不同的磁极区在交替转换，每次用两个极来估算力矩。

图 5－9　转向力矩传感器

信号中断的影响：如果转向力矩传感器出现故障（指示灯 K161 呈红色亮起），必须更换转向机。识别处有故障时，转向助力功能就被关闭了。这个关闭过程不是突然的，而是“柔和的”。为了能实现“柔和”关闭，控制单元使用电机的转向角和转子角计算出一个转向力矩的替代信号。

3）转子转速传感器

转子转速传感器是电动机械式助力转向装置电机 V187 的一个组件，从外面是看不见的。转子转速传感器是根据磁阻效应来工作的，其结构与转向力矩传感器相同。该传感器传送的是电动机械式助力转向装置电机 V187 转子的转速，该转速信号是精确控制该电机所必需的。

信号中断的影响：如果转子转速传感器出现故障（指示灯 K161 呈红色亮起），就使用转向角速度来作为替代信号。转向助力功能被安全关闭，这样可防止转向助力功能在转子转速传感器失灵时突然关闭。

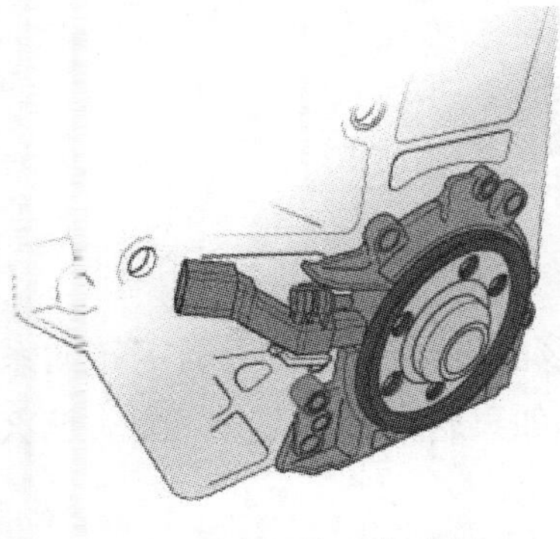

图 5－10　发动机转速传感器 G28

4）车速传感器

车速信号由 ABS 控制单元来提供。

信号中断的影响：如果车速信号出现故障（指示灯 K161 呈黄色亮起），会起动一个应急程序。这时驾驶人仍可使用转向助力功能，但随速助力转向（Servotronic）功能无法使用了。

5）发动机转速传感器 G28（图 5－10）

发动机转速传感器是一个霍尔传感器，它拧在曲轴密封法兰的壳体上。发动机控制单元根据发动机转速传感器的信号来获知发动机的转速和曲轴的位置信息。

信号中断的影响：如果发动机转速传感器出现故障，那么转向系统通过 15 号接线柱来工作。该故障不用指示灯 K161 来显示。

6）电动机械式助力转向装置电机 V187（图 5－11）

电动机械式助力转向装置电机装在一个铝制壳体内，通过一个蜗轮蜗杆机构和一个传动小齿轮与齿条啮合，从而传递用于转向助力的力矩。在轴的控制端有一个磁铁，控制单元使用这个磁铁来获知转子的转速，控制单元使用这个信号来确定转向速度。

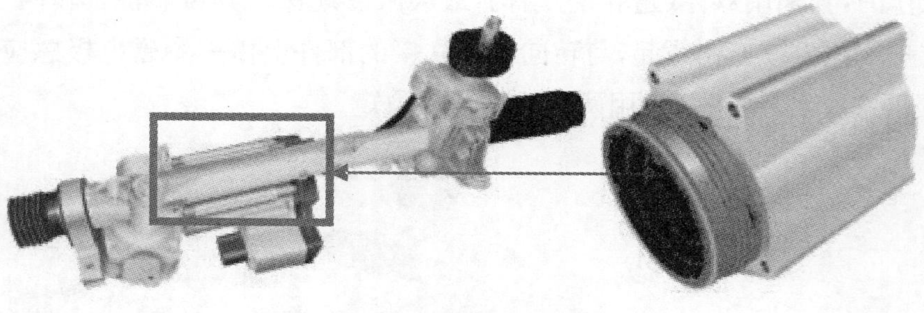

图 5－11　助力转向装置电机 V187

信号中断的影响：异步电机的一个优点是在不通电的情况下，转向机仍可使电机转动。这就是说，即使该电机出现故障（也就是无转向助力了），那么只需稍微再多用点力仍可转动转向装置；即使短路，该电机也不会锁止。指示灯 K161 呈红色亮起就表示电机有故障。

7）转向助力控制单元

转向助力控制单元直接固定在电机上，这就可省去助力转向装置复杂的管路布置，如图 5－12 所示。

控制单元根据输入转向角传感器 G85 传来的转向角信号、发动机转速传感器 G28 传来的发动机转速信号、转向力矩和转子转速，车速信号，以及点火钥匙识别信号（来自组合仪表内的控制单元）来确定需要多大的转向助力，计算出励磁电流强度的大小，并起动电机 V187 工作。

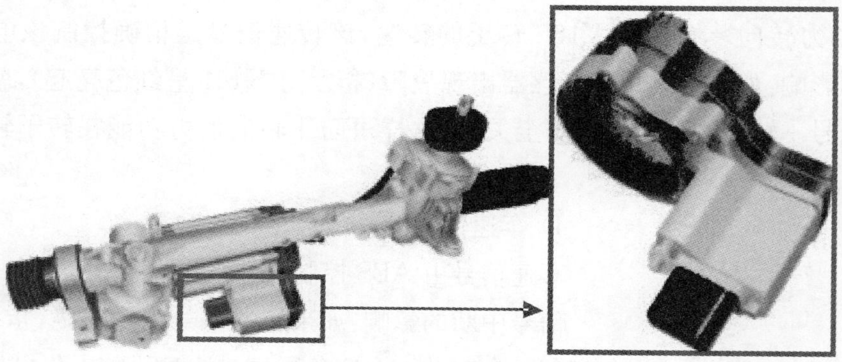

图 5－12　转向助力控制单元

信号中断的影响：转向助力控制单元内集成了一个温度传感器，该温度传感器用于确定转向系统的温度。如果这个温度超过 100℃，那么助力转向功能就逐渐减弱；如果转向助力低于 60%，那么指示灯 K161 就呈黄色亮起，故障存储器内也会记录故障信息。

4. 检查方法

1）故障警告灯的检查

图 5－13　故障警告灯

打开点火开关至 ON 挡，故障灯点亮，发动车辆自检结束后故障灯熄灭为系统正常。警告灯不亮时，检查指示灯是否损坏，熔断丝和导线是否断路。若起动车辆后，故障灯持续点亮，需要采用诊断仪器检测。故障警告灯如图 5－13 所示。

2）系统自诊断

通过 V. A. S5051 读取故障码，进入助力转向地址码 44，读取下列数据流，分析判断故障点见表 5－7。

表 5－7　数据流分析

地址码 44	数据流
测量数据块 001	温度—末极放大器：（显示：℃） 转向力矩：G269（显示：N · m） 转子速度：电机（显示：U/min） 未使用
测量数据块 002	继电器电压：（显示：Volt） 工作电压：端子 30（显示：Volt） 传感器供电电压：G269（显示：Volt） 蓄电池供电标志位：端子 30（Aus/Ein）
测量数据块 003：	发动机转速：（显示：U/min） 行驶速度：（km/h） 发动机运行标志：发动机（Aus/Ein） 未使用
测量数据块 004：	系统状态：0：Off， 点火开关：（Aus/Ein） 继电器状态：（Aus/Ein） 未使用
测量数据块 005：	转向助力力矩：（显示：N · m） 转向助力力矩极限：（显示：N · m） 电机扭矩：（显示：N · m） 扭杆力矩：（显示：N · m）
测量数据块 006：	末极放大器温度：（显示：℃） 驱动器：（Aus/Ein） 终点位置：（显示：Grad） 摆正角度：（显示：Grad）
测量数据块 007：	转向角：（显示：Grad） CAN 转向速度：（显示：Grad/sek） 显示是否完成校准：详见后文. 转向角传感器内部状态：
测量数据块 125：	ABS CAN 信息： 发动机控制单元 CAN 信息： 供电控制单元负荷 CAN 信息： 未使用
测量数据块 126：	组合仪表 CAN 信息： 网关 CAN 信息：

二、制定方案

根据知识链接中的知识信息，需要对电动式电控动力转向故障进行诊断与维修。教师在组织教学的过程中，制定大众速腾电动式电控动力转向故障的诊断与维修方案，如表 5－8 所示。

表 5－8　大众速腾电动式电控动力转向故障诊断与维修方案表

	大众速腾电动式电控动力转向故障诊断与维修方案	
车辆信息描述	车辆描述	大众速腾，行驶里程：18 000 km，出厂时间：2011 年 3 月
	故障现象	该车低速转向沉重，动力转向故障灯常亮
设备/工具/耗材要求	设备：大众带电动式电控动力转向乘用车一辆、电动式电控动力转向系统台架； 工具：V. A. S505X； 耗材：无	
安全要求及注意事项	1. 安全要求： (1) 严格按照维修手册要求的流程进行操作； (2) 安全操作，禁止明火； (3) 听从老师管理，禁止随意操作实训车辆、设备等； (4) 注意劳动保护。 2. 操作注意事项： (1) 正确使用 V. A. S505X； (2) 操作必须在老师的指导下进行； (3) 检测过程中不要随意断开蓄电池负极； (4) 轮胎尺寸、气压都要符合厂家要求； (5) 非厂家专用检测仪可能无法读取车辆故障	
工作步骤	1. 检查车辆轮胎气压和前悬架； 2. 检查排除机械故障； 3. 将车辆打开点火开关至 ON 挡(观察故障灯是否点亮)； 4. 起动车辆(观察故障灯是否点亮)； 5. 检查熔断丝及继电器； 6. 连接 V. A. S5051； 7. 读取故障码(记录)； 8. 读取数据流：001—007，125，126； 9. 根据数据流检测部件是否故障	

教师对学生进行分组，每组选出一个小组长。小组长根据小组成员任务分工不同，确定不同任务的责任人。小组成员任务的划分可以参考下面的小组任务分配表，如表 5－9 所示。

表 5-9 小组任务分配表

	小组任务	个人职责(任务)	小组成员
1	任务前期准备工作	准备该任务的设备、工具、耗材	
2	检测前车辆检查	主要负责检测前系统相关部件检查	
3	故障警告灯检查	负责系统自检及故障灯检查	
4	诊断仪器检测	负责使用诊断仪器对系统故障码调取及数据读取测试	
5	竣工检查工作	检查所有的设备器材是否齐全	

实训中如果没有该车型，可以参考大众速腾电动式电控动力转向故障诊断与维修方案，并查阅该实训车型的维修手册，制定该车型电动式电控动力转向故障诊断与维修方案，如表 5-10 所示。

表 5-10 电动式电控动力转向故障诊断与维修方案表

	________乘用车电动式电控动力转向故障诊断与维修方案	
车辆信息描述	车辆描述	
	故障现象	
设备/工具/耗材要求		
安全要求及注意事项		
工作步骤		

三、实施

依据制定的方案实施，并填写项目单，如表 5-11 所示。

表 5－11　实训结果项目表

根据知识链接中所学的知识标注下图中部件的中文名称，并简要论述电动式转向电控动力转向的工作过程：

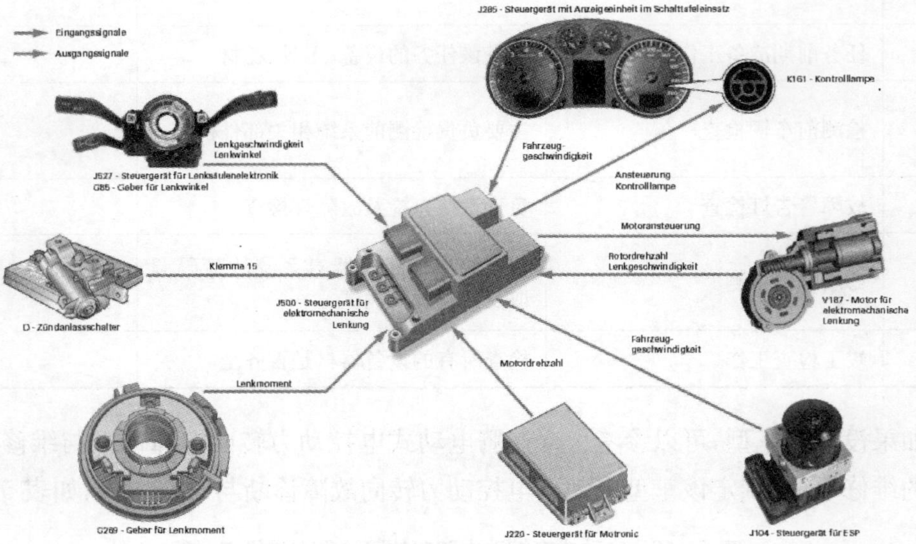

工作过程：

四、作业

1. 通过实训后完善本任务的实施方案。

2. 电动式电控动力转向系统与传统的机械液压助力转向有什么优点？

检查与评估

1. 学生自我检查

学生通过对任务 2 的学习，独立结合实训车辆填写学习情况检查表(表 5 - 12)，以检测自己对任务 2 学习的掌握情况。

表 5 - 12　学习情况检查表

1. 哪些说法是正确的？ A. 为了获得转向助力，在转向柱上集成了一个电动机械式助力转向装置。 B. 电动机械式助力转向装置采用双小齿轮结构，其特点是有一个转向小齿轮和一个传动小齿轮。 C. 为了获得转向助力，使用一个电动液压式助力转向装置	
2. 转子转速传感器在什么位置？ A. 它就安装在电动机械式助力转向装置电机 V187 的外面，这就可省去电机和传感器之间复杂的管路布置。 B. 它位于转向柱锁开关和转向盘之间的转向柱上。 C. 它是电动机械式助力转向装置电机 V187 的一个组件，从外面是看不见的	
3. 直线行驶校正有哪些功能？ A. 对长时间偏离直线行驶的情况进行补偿(比如在将夏季轮胎换成旧的冬季轮胎时所出现的情况)。 B. 对短时的偏离直线行驶的情况进行校正(比如在有持续的侧向风作用时)。 C. 可以较快地变换车道。 D. 在发动机起动时，电动机械式助力转向装置就进行自检，于是直线行驶就得到校正，就是说置零了	

2. 指导教师评估

指导老师在整个教学过程中，关注每个活动小组的工作过程以及小组成员的动手能力，并对小组成员的动手能力进行考核，填入表 5 - 13。

表 5 - 13　指导教师评估表

	考核量化指标	分值(总分)	学生得分
1	能时刻注意保护操作部件安全	5	
2	能时刻注意自我的人身保护	5	
3	使用工具熟练程度	5	
4	能够积极完成本职工作	10	
5	能够熟练查询维修资料	10	

续 表

序号	考核量化指标	分值(总分)	学生得分
6	能够根据方案正确使用检测仪器	15	
7	能够根据方案检查相关的部件	15	
8	能够根据方案完成数据流的读取与分析	15	
9	能够完成实训结果项目表的填写	10	
10	能够完成学习情况检查表的填写	10	
总计			

学习情境 6　空气悬架系统诊断与维修

学习目标

1. 能够完成空气悬架系统检测与设定；
2. 能够完成空气悬架系统故障码读取、清除和数据流读取；
3. 能够完成空气悬架系统传感器和控制部件的检修和更换

情境导入

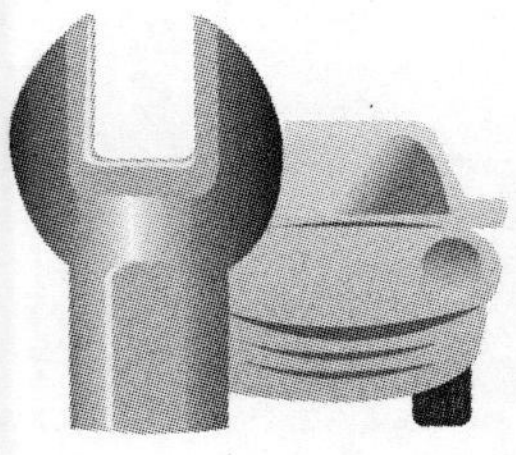

车　　型：凌志 400；

行驶里程：160 000 km；

出厂时间：1998 年 6 月。

故障现象：

该车在行驶过程中，不能随路面情况、车速、负载的变化而正常上升或者下降

任务　电控空气悬架位置无法升降的故障诊断与维修

任务描述

一、学习目标

	1. 能够掌握故障码与数据流读取方法； 2. 能够对各个传感器进行检查与更换； 3. 能够对空气供给装置与气动装置检修； 4. 能够对空气弹簧总成检修并更换

二、学习内容

	1. 凌志400空气悬架系统结构组成与工作原理； 2. 凌志400空气悬架故障码与数据流读取； 3. 凌志400空气悬架系统传感器的检查与更换方法和步骤； 4. 凌志400空气悬架空气供给装置与气动装置组成和检修； 5. 凌志400空气悬架系统空气弹簧组成、原理和检修

项目1　空气悬架系统故障码与数据流读取

一、知识链接

1. 电控悬架的作用

电控悬架系统能够使悬架系统随着不同的路况、驾驶人的意图和行驶状态做出相应的调整。既可以使汽车的乘坐舒适性达到令人满意的水平，又能使汽车的稳定性和操控性要求得到满足。

凌志400空气悬架系统能够根据车身高度、车速、转向角度、加速度和制动等信号，由电子控制单元（ECU）控制悬架执行机构，使悬架系统的刚度、减振器的阻尼力及车身高度等参数得以改变，从而使汽车具有良好的乘坐舒适性和操纵稳定性，如图 6－1 所示。

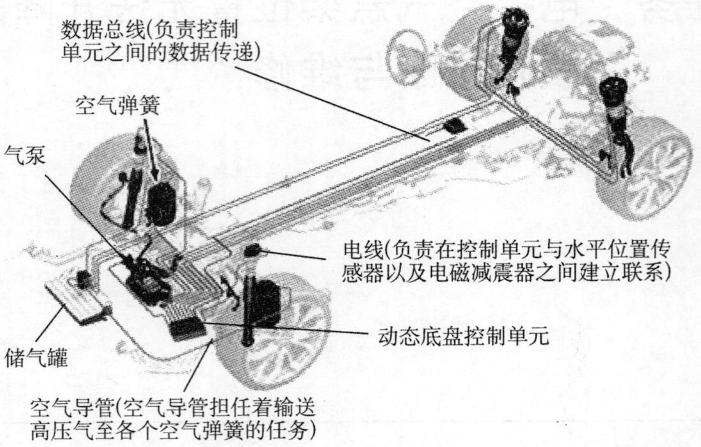

图 6－1　电子控制空气悬架系统示意图

2. 电控悬架的类型

电控悬架系统主要有四种结构形式：液压悬架、空气悬架、电磁悬架和电子液力悬架。

3. 电控悬架的组成

电控悬架系统主要由四个部分组成，如图 6－2 所示。

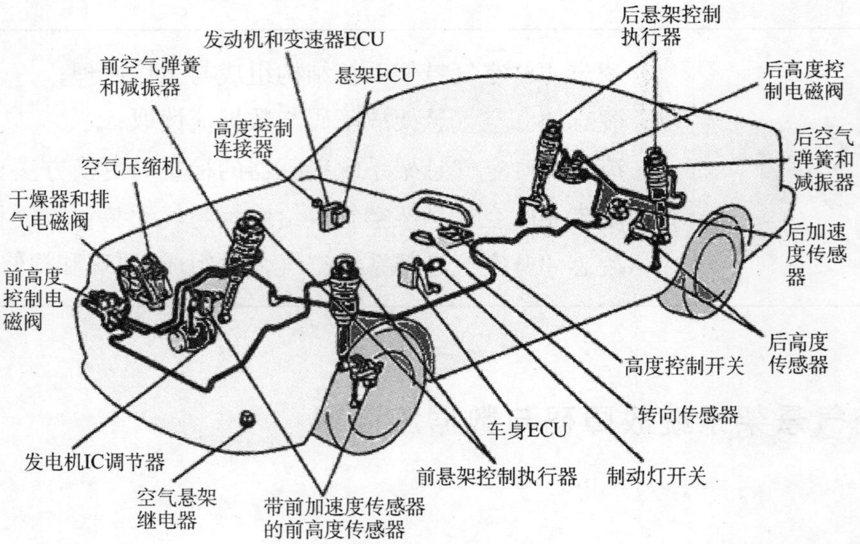

图 6－2　电子控制悬架系统组成

(1) 传感器。包括车身高度传感器、车速传感器、加速度传感器、转向盘转角传感器，节气门位置传感器。

(2) 开关。包括模式选择开关、制动灯开关、停车开关，车门开关。

(3) 电子控制单元：ECU。

(4) 执行机构。包括可调阻尼力的减振器、可调节弹簧高度和弹性大小的弹性元件、压缩机、储气罐、高度电磁阀等。

4. 主要控制功能

1）模式变化

电子控制空气悬架系统提供了悬架控制开关供驾驶人进行选择。悬架开关由模式开关和高度控制开关组成，如图6－3所示。

模式开关有一般两个位置：NORM或者COMFORTABLE（常规或者舒适）和SPORT（运动）。NORM（COMFORTABLE）模式着重于乘坐舒适性，通常用于一般的行驶。SPORT模式着重于提高急转弯等情况下的车辆稳定性。可调式空气悬架和驾驶模式的选择功能，在选择驾驶模式时行车电脑会自动匹配相应的悬架硬度。

图6－3　电控悬架模式选择开关

图6－4　减振阻尼控制选择开关

图6－5　车身高度选择开关

2）弹簧刚度和减振阻尼控制（图6－4）

弹簧刚度和减振器减振阻尼力均由电子装置控制。弹簧刚度有“软”和“硬”两种模式，减振器减振阻尼则有“软”、“中”和“硬”三种模式。电子装置根据车速和路面的变化自动地调节悬架刚度和减振阻尼。

3）车身高度控制（图6－5）

根据高度控制开关所选取的模式以及汽车所处的状态，控制装置自动调整汽车的车身高度，使汽车经常处于稳定的状态。这种控制方式有三种：自动高度控制、高车速控制和点火开关关闭控制。

5. 故障码的读取和清除

1）故障码读取

（1）将点火开关转到“接通”（ON）的位置。

（2）用跨接线跨接诊断接头上的“Tc和E1”两端头，如图6－6所示。

（3）观察仪表板上高度控制“正常”指示灯或高度指示灯的闪烁来读取故障代码，如图6－7所示。

（4）数该灯闪烁和间歇次数，第一次闪烁代表第一位故障代码的数字，在停歇一次后，数第二次

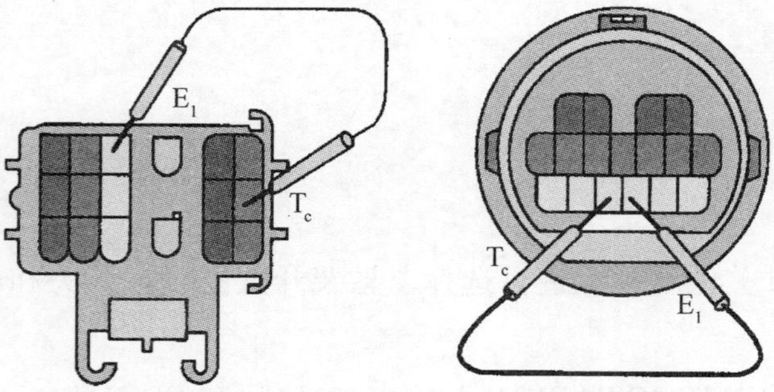

图 6-6　方型诊断插座和半圆形诊断插座

图 6-7　高度控制指示灯

闪烁的次数，它代表故障代码的第二位数字。如果故障代码不止一个，将会有一个较长的间歇，然后显示下一个故障代码的第一位和第二位数字。如果微机内存储的代码多于一个，则由小数字向大数字逐个显示。

(5) 记录故障代码。

(6) 根据该车维修手册的资料，找出维修手册中故障代码所代表的含义和有问题的元件或线路，对于失效电子系统的元件，常用的维修方法是更换。凌志 400 空气悬架故障码所对应的故障部件，见表 6-1。

表 6-1　凌志 400 空气悬架系统故障码

故障代码	故障部位	故障代码	故障部位
11	前右高度控制传感器电路短路或断路	33	后右高度控制阀电路短路或断路
12	前左高度控制传感器电路短路或断路	34	后左高度控制阀电路短路或断路
13	后右高度控制传感器电路短路或断路	35	排气阀电路短路或断路
14	后左高度控制传感器电路短路或断路	41	空气悬架继电器电路故障
15	右前加速传感器电路短路或断路	42	压缩机电路故障
16	左前加速传感器电路短路或断路	74	[+B]端电压小于 9.5 V
17	右后加速传感器电路短路或断路	81	转向传感器电路故障
21	前右悬架控制执行器电路故障	82	停车灯开关电路故障
22	前左悬架控制执行器电路故障	83	门控开关电路故障
23	后右悬架控制执行器电路短路或断路	84	节气门位置信号电路故障
24	后左悬架控制执行器电路短路或断路	85	车速传感器电路故障

2) 清除故障码

凌志 400 空气悬架系统清除故障码有以下三种方法。

(1) 关断点火开关，拆下 1 号接线盒中的 ECU-B 熔断丝 10 s 以上，故障码就可清除。

(2) 关断点火开关，用跨接线将车身高度控制连接器的端子 9 与端子 8 连接，同时使检查连接器的端子 Tc 与 E1 连接，保持状态 10 s 以上，然后接通点火开关，并脱开跨接线连接器各端子，则故障码也可被清除。

(3) 使用解码仪进行清除故障码。

图 6 - 8　车博士 pc-max 故障诊断系统

6. 数据流的读取

凌志 400 数据流读取使用的诊断设备是车博士 pc-max 故障诊断系统，如图 1 - 8 所示。一般对凌志 400 进行故障诊断时，只对其读取故障码就可以了。读取数据流是为了更加准确地掌握每一个部件的工作情况。

读取数据流读取步骤如下：

(1) 双击图标(图 6 - 8)，进入车博士 pc-max 故障诊断系统。显示车系选择界面(图 6 - 9)。

(2) 选择雷克萨斯车系。点击后进入诊断系统版本，选择 V6.3 版本(图 6 - 10)。

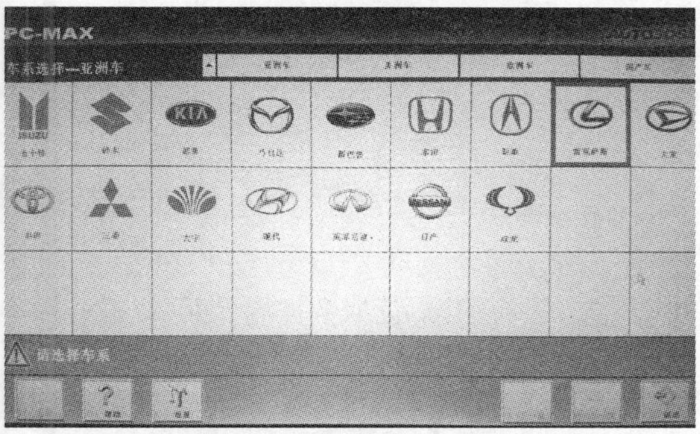

图 6 - 9　车系选择界面

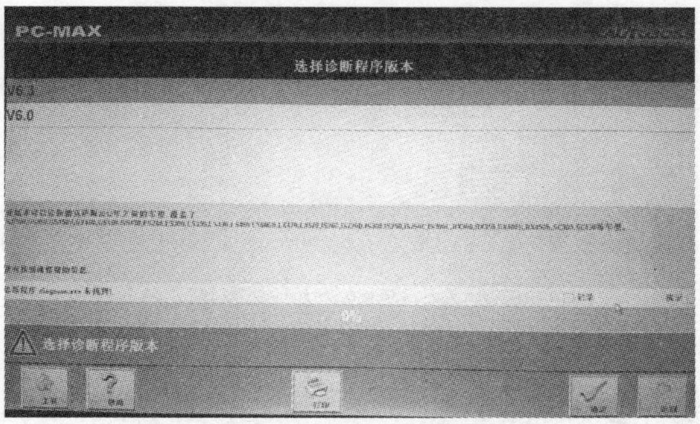

图 6 - 10　选择诊断系统版本

(3) 进入诊断系统主界面，选择“所有系统”选项(图 6 - 11)。在底盘选择“底盘”选项(图 6 - 12)。

图 6 - 11　诊断系统主界面

图 6 - 12　诊断系统

(4) 在底盘界面(图 1 - 13)中选择“AHC 车身高度系统”选项，进入 AHC -车身高度系统界面(图 6 - 14)。点击“读取数据流”选项，即可进入读取数据流界面，共有 60 个项目可读取数据流，如图 6 - 15 和图 6 - 16 所示。可以选择一个，也可以选择多个同时读取数据流。选择右前高度传感器、左前高度传感器、后压力传感器等五项读取的数据流，如图 6 - 17 所示。表 6 - 2 为部分数据流的标准范围值。

(5) 同时，还可以显示每一项的波形数据，如图 6 - 18 所示。

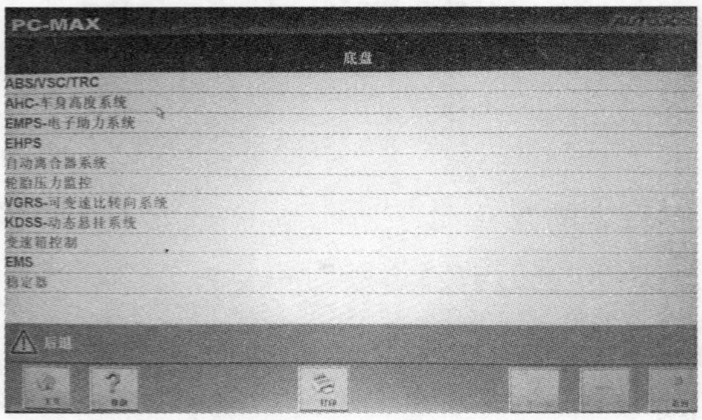

图 6-13　选择“AHC 车身高度系统”选项

图 6-14　选择“读取数据流”选项

图 6-15　读取数据流界面(1)

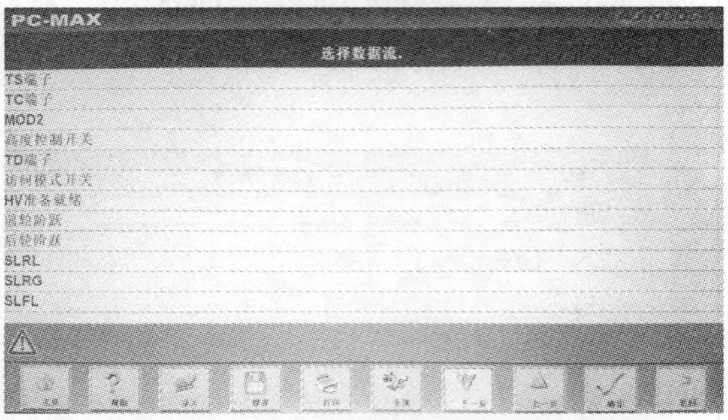

图 6-16　读取数据流界面(2)

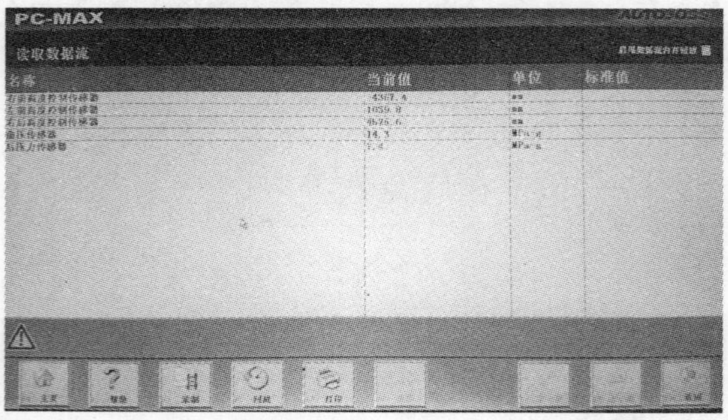

图 6-17　选择需读取的项目

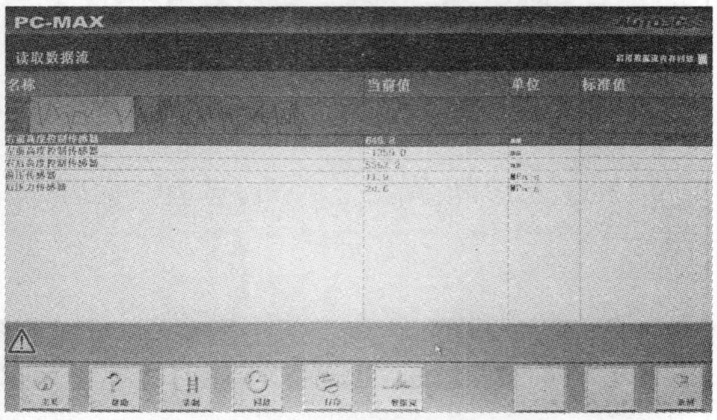

图 6-18　显示测试项目波形

表 6-2　电子悬架部分数据流标准值

数据组项目	单位	正常情况数据	测试条件及典型值
1. 右前轮高度	mm	－255～255	一般为－9
2. 左前轮高度	mm	－255～255	一般为－9
3. 后部高度	mm	－255～255	一般为－9
4. 前部压力传感器	MPA/G		一般为 0
5. 后部压力传感器	MPA/G		一般为 0
6. 蓄压器压力	MPA/G		
7. 车速	km/h	0～255	显示车辆实际速度

续　表

数据组项目	单位	正常情况数据	测试条件及典型值
8. 右前轮转速	km/h	0～255	显示车轮实际速度
9. 左前轮转速	km/h	0～255	显示车轮实际速度
10. 点火开关电压	V	0～15	发动机暖机后，显示 12.5～13.5
11. 电源供应电压	V	0～15	发动机暖机后，显示 12.5～13.5
12. 转向盘角度	DEG	－255～255	转向盘居中时：为 0；右转时：为 0～650 变化；左转时：为 0～－650 变化
13. 油温	℃	－40～150	显示实际温度，一般为 40～50
14. 差速器锁止开关	开/关		发动机暖机后，显示关；动作时：为开
15. L4 挡开关	开/关		发动机暖机后，显示关；动作时：为开
16. IC 调节器开关	开/关		发动机暖机后，显示开
测试项目	单位	正常情况资料	测试条件及典型值
17. 门开关	开/关		门打开时：为开
18. 制动灯开关	开/关		踩制动时：为开
19. 高度调节开关(保持)	开/关		高度调节开关(保持)按住时：为开
20. 高度调节器开关(向上)	开/关		高度调节器开关(向上)按住时：为开
21. 调节调节器开关(向下)	开/关		高度调节器开关(向下)按住时：为开
22. 减振器开关 1	开/关		发动机暖机后，显示关
23. 减振器开关 2	开/关		发动机暖机后，显示关
24. 前部减振器步数	步		
25. 后部减振器步数	步		
26. 主继电器	开/关		发动机暖机后，显示开
27. 马达继电器	开/关		发动机暖机后，显示关；动作时：为开
28. SLAC 电磁阀	开/关		发动机暖机后，显示关；动作时：为开
29. SLFT 电磁阀	开/关		发动机暖机后，显示关；动作时：为开
30. SLFG 电磁阀	开/关		发动机暖机后，显示关；动作时：为开
31. SLRL 电磁阀	开/关		发动机暖机后，显示关；动作时：为开
32. SLRG 电磁阀	开/关		发动机暖机后，显示关；动作时：为开
33. 前轮(向上)	开/关		发动机暖机后，显示关；动作时：为开
34. 后轮(向上)	开/关		发动机暖机后，显示关；动作时：为开
35. 前轮(向下)	开/关		发动机暖机后，显示关；动作时：为开
35. 后轮(向下)	开/关		发动机暖机后，显示关；动作时：为开

二、制定方案

根据情境导入中的案例，需要对空气悬架系统故障码与数据流进行读取。教师在组织教学的过程中，制定凌志400空气悬架系统故障码与数据流的读取方案，如表6-3所示。

表6-3　凌志400空气悬架系统故障码与数据流读取方案表

	凌志400空气悬架系统故障码与数据流读取方案	
车辆信息描述	车辆描述	凌志400，行驶里程：160 000 km，出厂时间：1998年6月
	故障现象	该车在行驶过程中，不能随路面情况、车速、负载的变化而正常上升或者下降
设备/工具/耗材要求	设备：凌志400电控悬架系统台架或者凌志400实车； 工具：车博士故障诊断系统、导线； 耗材：无	
安全要求及注意事项	1. 安全要求： （1）严格按照维修手册要求的流程进行操作； （2）对特殊零部件的拆解要使用专用工具； （3）听从老师管理，禁止随意操作实训车辆、设备等； （4）安全操作，禁止明火； （5）注意劳动保护； （6）严禁随意乱动电器和按钮开关。 2. 操作注意事项： （1）正确使用工具； （2）操作必须在老师的指导下进行； （3）严格按要求进行数据检测项目作业； （4）点火开关接通时，不能连接或拔下检测仪的诊断插头，以防损坏检测仪器	
工作步骤	1. 打开车辆点火开关至ON挡； 2. 观察试验台仪表指示灯是否长亮； 3. 观察系统自检过程； 4. 教师通过制动系统台架演示电控悬架的工作过程； 5. 使用导线短接端子Tc和E1读取制动系统故障码； 6. 记录故障码。查询故障码对应的故障部件； 7. 在仪表板上找到故障码所对应的故障部位，排除故障； 8. 清除故障码； 9. 运行系统，运行一段时间后，观察故障等是否点亮； 10. 使用车博士故障诊断系统按照屏幕提示，按步骤进行操作，进入通道，进行电控悬架的系统各部件进行数据流检测和记录分析	

教师对学生进行分组，每组选出一个小组长。小组长根据小组成员任务分工不同，确定不同任务的责任人。小组成员任务的划分可以参考下面的小组任务分配表，如表6-4所示。

表6－4　小组任务分配表

	小组任务	个人职责(任务)	小组成员
1	任务前期准备工作	准备该任务的设备、工具、耗材	
2	安全检查	主要负责工具设备使用情况和操作工作的安全监督	
3	故障码读取	负责使用导线法故障码读取	
4	故障码清除	负责故障码清除	
5	数据流读取	负责数据流读取	
6	竣工检查工作	检查所有的设备器材是否齐全	

实训中如果没有该车型，可以参考凌志400空气悬架系统故障码与数据流读取方案，并查阅该实训车型的维修手册，制定该车型空气悬架系统故障码与数据流读取方案，如表6－5所示。

表6－5　空气悬架系统故障码与数据流读取方案表

	________乘用车空气悬架系统故障码与数据流读取方案	
车辆信息描述	车辆描述	
	故障现象	
设备/工具/耗材要求		
安全要求及注意事项		
工作步骤		

三、实施

依据制定的方案实施，并填写项目单，如表6－6所示。

表6-6 实训结果项目表

项目	检查情况
仪表台故障指示灯	是否点亮：
	故障灯熄灭时间：
	故障灯颜色：
仪器诊断	是否存在故障码：
	故障码：
	手动清除故障码步骤：
	读取数据流步骤：

四、作业

1. 如何不使用导线法，读取电控悬架故障码？

2. 查阅资料，找出现在有哪些车型安装有电控悬架系统，分别装有何种类型的电控悬架系统？请举例说明。

项目2 空气悬架系统传感器的检查与更换

一、知识链接

凌志400电控空气悬架的传感器主要有前、后车身高度传感器、转角传感器、节气门位置传感器、车速传感器和加速度传感器等，如图6-19所示。

车身高度传感器采集前后车身的高度信号；转角传感器采集汽车行驶方向信号；节气门位置传感器采集驾驶人加、减速信号；车速传感器采集汽车行驶速度信号；加速度传感器采集车身垂直加速度变化的信号。传感器和控制开关向ECU输入车身以及汽车行驶的状态信息，ECU接受传感器和控制开关输入的电信号，并向执行元件发出控制命令，执行元件产生一定的机械动作，从而改变

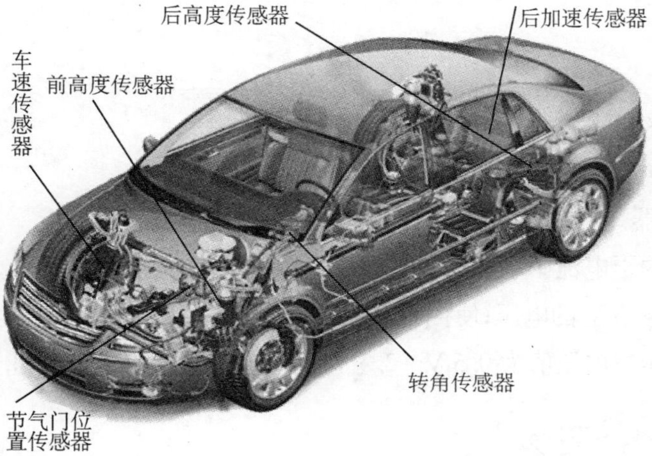

图6－19　传感器实车位置

车身高度、空气弹簧刚度和减振器的阻尼力。

1. 高度传感器

高度传感器的作用是检测车身高度及因路面不平引起的每个悬架的位移量，并将之转换成电子信号输入到悬架ECU。

高度传感器有光电式和线性式两种形式。两种形式的高度传感器安装位置都相同(均装在车身上)，传感器通过传感器轴外端的导杆与控制杆相连。对于前悬架，控制杆的另一端与减振器下支承相连；对于后悬架，控制杆的另一端连接到悬架下摆臂，如图6－20所示。

图6－20　高度传感器实车位置

1) 结构原理

传感器内部有一个有缝信号盘和4对遮光器。信号盘固定在传感器轴上，由导杆带动而转动。遮光器由发光二极管和光敏晶体管组成，在发光二极管和光敏晶体管之间隔着信号盘。当车身高度发生变化，或因路面不平造成各悬架的位移量发生变化时，信号盘在导杆的带动下转动，使发光二极管的光被遮挡或通过，从而使接收光线的光敏晶体管切断或导通。这些通断信号送到悬架ECU，悬架ECU就可以检测出车身高度的变化。

2）高度传感器检测

(1) 拆卸前轮；

(2) 拆出前翼子板衬里；

(3) 脱开高度传感器连接器；

(4) 拆下高度传感器。

(5) 将3只1.5 V的干电池串联起来；将端子2与干电池正极连接，端子3与干电池负极连接，在端子2与3之间施加约4.5 V的电压；使控制杆缓慢地上、下移动，同时检查端子1、3之间的电压，正常位置电压值为2.3 V；低位置电压值为0.5 V～2.3 V；高位置电压值为2.3 V～4.1 V，如图6－21所示。

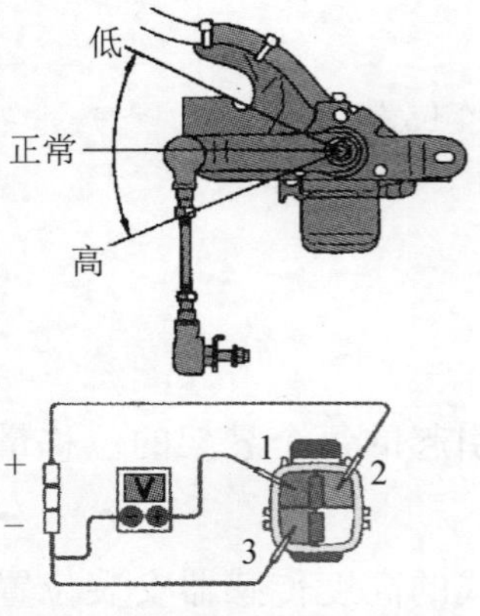

图6－21　前高度传感器电路

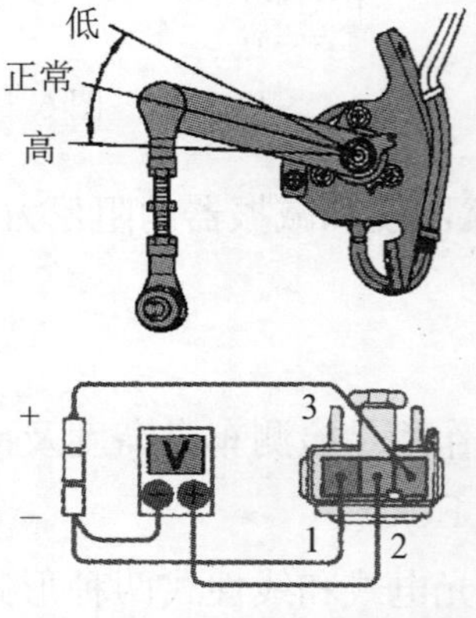

图6－22　后高度传感器电路

(6) 将端子3与干电池正极连接，端子1与干电池负极连接，在端子1与3之间施加约4.5 V的电压；使控制杆缓慢地上、下移动，同时检查端子2.3之间的电压，在正常位置电压值为2.3 V；低位置电压值为0.5 V～2.3 V；高位置电压值为2.3 V～4.1 V，如图6－22所示。

2. 车速传感器

车速传感器用来检测车轮的转速。车速传感器有磁阻式和电磁感应两种形式。UCF10车型采用磁阻式，输出轴每转一圈产生20个信号，此信号可直接驱动组合仪表内的车速表，之后经组合仪表内的脉冲转换电路转换为输出轴每转一圈产生4个信号，再传送到悬架ECU，如图6－23所示。UCF20车型则采用电磁感应式，车速传感器先将信号送到发动机和变速器ECU，由后者将车速信号送到组合仪表内的车速表，并驱动车速表。车速信号在组合仪表内转换成每转4个脉冲送至悬架ECU，如图6－24所示。

图6－23　车速传感器实车位置

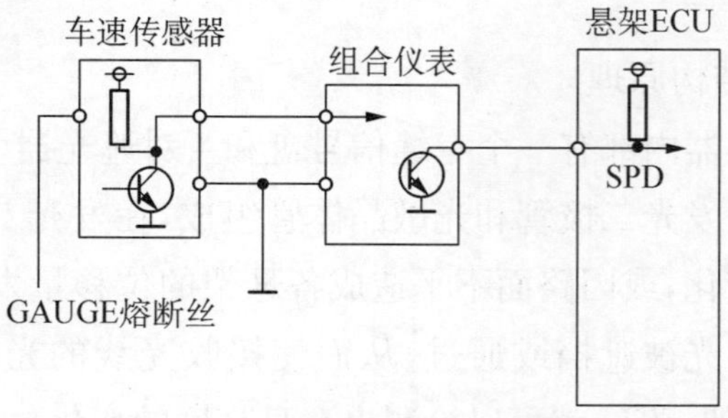

图6－24　UCF10车型车速传感器电路

1）轮速传感器检测方法

可用检测其输出电压信号来判断其工作好坏，方法如下：

（1）把汽车支起，解除驻车制动器作用。

（2）拆开 ABS 的 ECU 接线插座或拔下轮速传感器的接线插头，使被测车轮以 5 r/s 的速度转动时，用万用表 AC/mV 挡检测。

（3）测量各车轮的轮速传感器对应端子间的电压，如测量值低于规定值，原因可能是传感器与轮齿的间隙过大或传感器本身有问题，需要更换新件。

（4）也可以用欧姆表检查轮速传感器的电阻值，一般电阻在 600 Ω～2 300 Ω 为正常。电阻太小为线圈短路；电阻过大为连接不良；电阻非常大为断路；线圈与外壳导通为搭铁。

3. 节气门位置传感器

节气门位置传感器装在节气门体上，如图 6－25 所示，用来检测节气门的开度。传感器的结构如图 6－26 所示。发动机和变速器 ECU 将 5 V 的恒定电压加在传感器的 Vc 端子上，当传感器的节气门信号触点随节气门开度在可变电阻器上滑动时，加在传感器 V_{TA} 端子上的电压就与节气门开度成正比。

图 6－25　节气门位置传感器

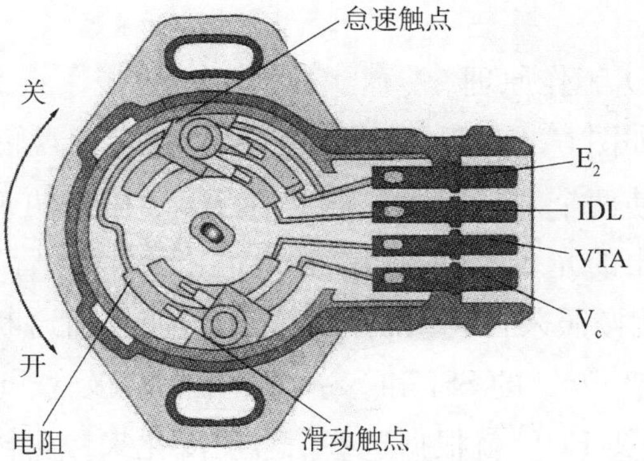

图 6－26　节气门位置传感器结构

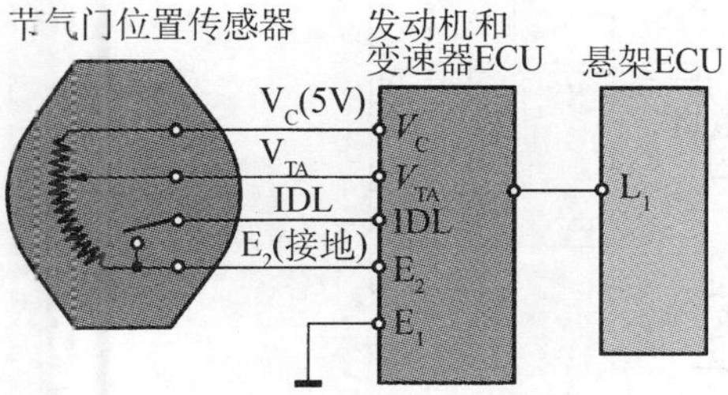

图 6－27　节气门位置传感器电路

1）结构原理

发动机和变速器 ECU 将这一代表节气门开度的信号 V_{TA}，经过转换送到悬架 ECU。发动机和变速器 ECU 只需 L_1 端子便可将节气门开度信号送到悬架 ECU，如图 6－27 所示。

2）检测

（1）测量电阻

VTA－E_2：阻值随节气门开大而呈线性变化。在开启过程中轻轻拍打传感器，若信号电压出现非线性波动，表明传感器有故障。

IDL－E_2：节气门全关时为 0；开启时为∞。

（2）测量电压

VC－E_2：5 V。

VTA－E_2：电压随节气门开大而呈线性变化（渐升）。

IDL－E_2：节气门全关时为 0；开启时为 12 V。

4. 转向传感器

转向传感器位于组合开关总成内，如图 6－28 所示，用于检测汽车转弯的方向和转弯的角度。转向传感器由一个信号盘(有缝圆盘)和两个遮光器组成。每个遮光器有一个发光二极管和光敏晶体管，两者相互对置，并固定在转向柱管上。信号盘沿圆周开有 20 条光缝，它被固定在转向盘主轴上，随主轴转动而转动。

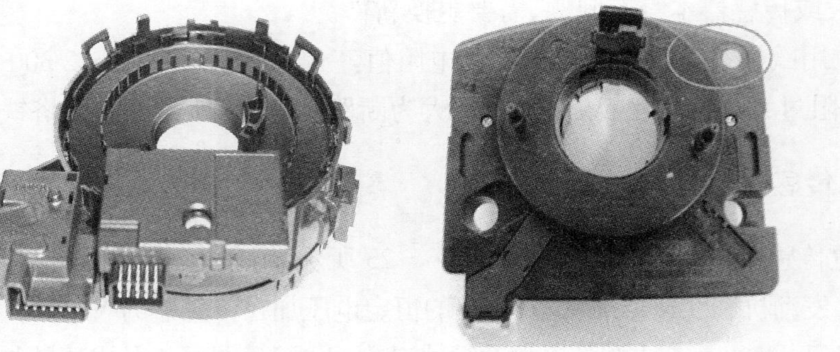

图 6－28　转向传感器

1）工作原理

如图 6－29 所示，当汽车转弯时，转向盘转动，信号盘也随之转动。从 ECU－IG 熔断丝供给的电流使两个发光二极管发光。当信号盘在两个发光二极管和光敏晶体管之间通过时，从发光二极管发出的光线被交替切断和通过，光敏晶体管也就被这光线交替接通和切断。这样，三极管 Tr_1 和 Tr_2 就按照来自光敏晶体管的信号而发出通断信号。所以，电流按照来自光敏晶体管的通/断信号从悬架 ECU 的 SS_1 和 SS_2 端子流至三极管 Tr_1 和 Tr_2。电流流过时信号为 1，电流不流过时信号为 0。悬架 ECU 就根据这些信号的变化来检测转弯的方向和转弯的角度。

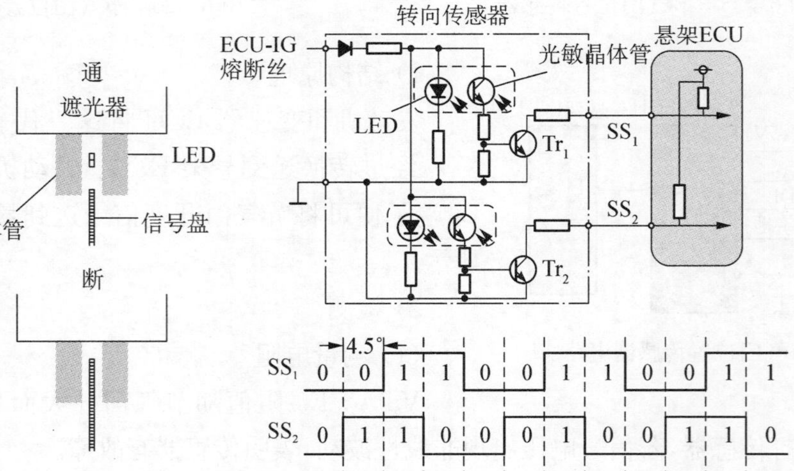

图 6－29　转向传感器电路图

2）检测

准备：拆出仪表台下的手套箱；接通点火开关。

(1) 慢转动转向盘，测量悬架 ECU 连接器端子 SS1 和 SS2 与车身搭铁之间的电压。正常值在

0～5 V之间变化，如图6－29所示。

准备：拆下转向盘；脱开转向传感器连接器；接通点火开关。

(2) 检测转向传感器连接端子电压，测量转向传感器连接器端子SS1、SS2之间的电压。正常值在9 V～14 V，如图6－29所示。

5. 加速度传感器

加速度传感器用来测量车身的垂直加速度。只有凌志400 UCF20车型才装有加速度传感器。加速度传感器共有3个，两个前加速度传感器分别装在前左、前右高度传感器内；一个后加速度传感器装在行李箱右侧的下面，如图6－30和图6－31所示。这3个加速度传感器分别检测车身的前左、前右和后右位置的垂直加速度。车身左后位置的垂直加速度则由悬架ECU从这3个加速度传感器所获得的数据推导出来。

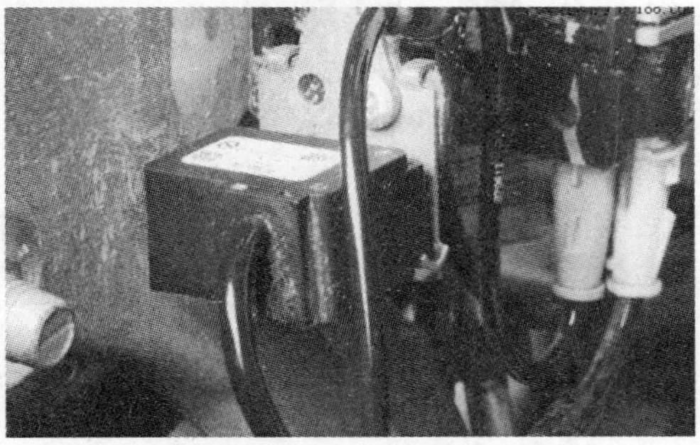

图6－30　后加速度传感器

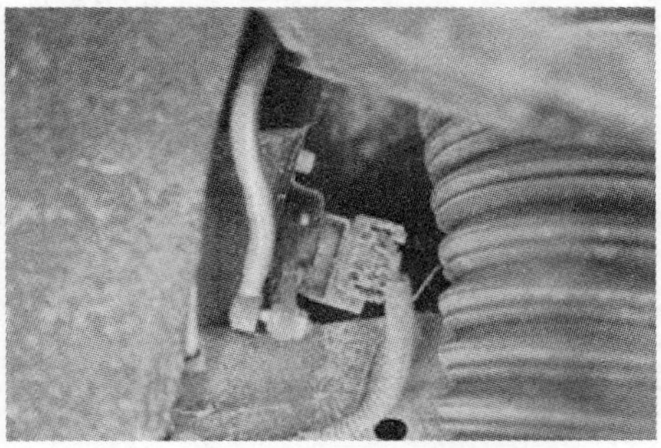

图6－31　前加速度传感器

1) 结构原理

加速度传感器主要由压电陶瓷盘和膜片组成，如图6－32所示。两个压电陶瓷盘固定在膜片两侧，并支承在传感器中心。当加速度作用在整个传感器时，压电陶瓷盘在其自身重量作用下弯曲变形。根据压电陶瓷的特性，它们将产生与其弯曲率成正比例变化的电荷。这些电荷由传感器内的电子电路转换成与加速率成正比例变化的电压，输送到悬架ECU。

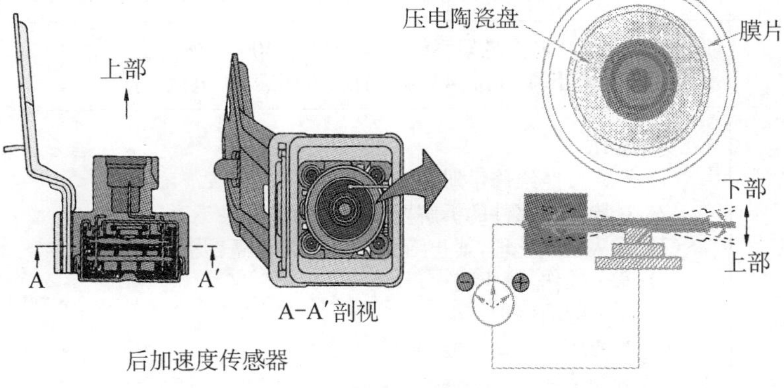

图6－32　加速度传感器结构

悬架ECU根据从加速度传感器接收到的信号计算出4个车轮的弹簧支承质量的垂直加速度。此外，悬架ECU还通过高度传感器计算出弹簧支承质量和非弹簧支承质量之间的相对速度。根据这些数据，悬架 ECU 把 4 个车轮的减振阻尼控制在最佳值，以获得稳定的汽车行驶状态，提高汽车驾驶的稳定性。

2）检测

将端子 2 与正极相连，将端子 3 与负极相连。传感器上下震动，同时测量 4 和 3 之间的电压。震动时为 0.5 V～4.1 V，如图 6－33 所示。

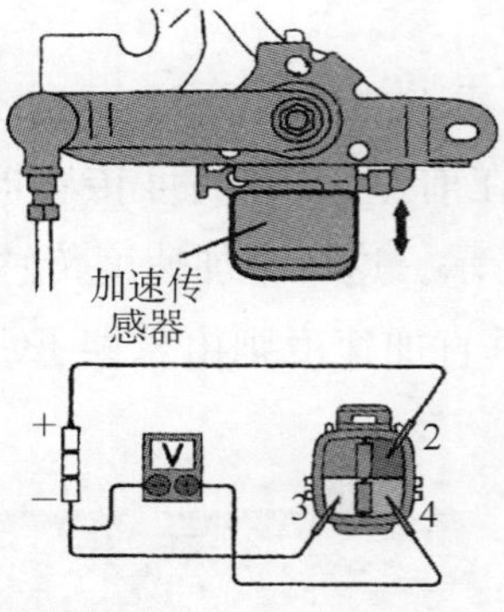

图 6－33　前加速传感器

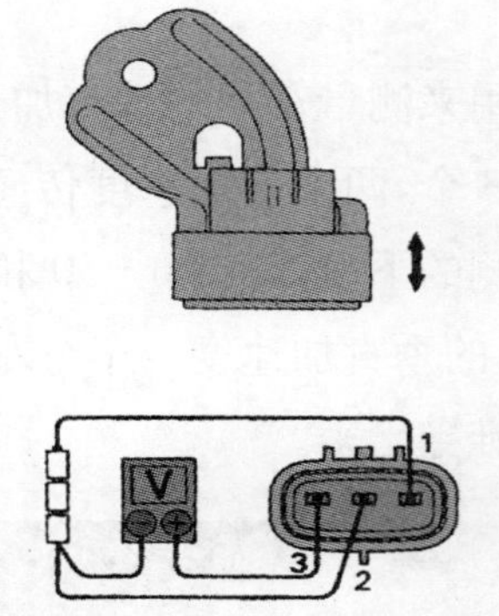

图 6－34　后加速传感器

将端子 1 与正极相连，将端子 2 与负极相连。传感器上下震动，同时测量 2 和 3 之间的电压。震动时为 0.5 V～4.1 V，如图 6－34 所示。

二、制定方案

根据情境导入中的案例，需要对空气悬架系统传感器进行检查与更换。教师在组织教学的过程中，制定凌志 400 空气悬架系统传感器的检查与更换方案，如表 6－7 所示。

表 6－7　凌志 400 空气悬架系统传感器的检查与更换方案表

	凌志 400 空气悬架系统传感器的检查与更换方案	
车辆信息描述	车辆描述	凌志 400，行驶里程：160 000 km，出厂时间：1998 年 6 月
	故障现象	该车在行驶过程中，不能随路面情况、车速、负载的变化而正常上升或者下降
设备/工具/耗材要求	设备：凌志 400 电控悬架系统台架或凌志 400 实车； 工具：24 件套工具，元征 431 解码仪，万用表，干电池，导线	
安全要求及注意事项	1. 安全要求： （1）严格按照维修手册要求的流程进行操作； （2）对特殊零部件的拆解要使用专用工具； （3）听从老师管理，禁止随意操作实训车辆、设备等； （4）安全操作，禁止明火； （5）注意劳动保护； （6）严禁随意乱动电器和按钮开关。 2. 操作注意事项： （1）正确使用工具； （2）操作必须在老师的指导下进行； （3）严格按要求进行数据检测项目作业； （4）点火开关接通时，不能连接或拔下检测仪的诊断插头，以防损坏检测仪器	

续　表

	凌志400空气悬架系统传感器的检查与更换方案
工作步骤	1. 车辆驶入工位； 2. 举升车辆； 3. 拆卸车轮； 4. 外观检查： （1）传感器安装是否松动； （2）传感器和齿圈是否有磁性物质和污垢； （3）传感器导线是否破损、老化； （4）插接器是否连接牢固和接触良好； 5. 检测传感器(具体方法参照知识链接)； 6. 其他传感器依次操作； 7. 如果传感器有故障，将传感器拆卸、更换传感器； 8. 打开点火开关，使用解码仪，读取故障码并清除故障码； 9. 试车检查，运行电控悬架系统，一段时间后，观察故障等是否点亮；如果点亮，继续读取故障码，找出故障部位，排除故障

教师对学生进行分组，每组选出一个小组长。小组长根据小组成员任务分工不同，确定不同任务的责任人。小组成员任务的划分可以参考下面的小组任务分配表，如表6－8所示。

表6－8　小组任务分配表

	小组任务	个人职责(任务)	小组成员
1	任务前期准备工作	准备该任务的设备、工具、耗材	
2	安全检查	主要负责工具设备使用情况和操作工作的安全监督	
3	传感器外观检查	负责传感器外观检查	
4	轮速传感器检测	负责用万用表、干电池导线检查传感器。	
5	传感器更换	负责拆装传感器	
6	解码仪读取和清除故障码	负责读取和清除故障码	
7	竣工检查工作	检查所有的设备器材是否齐全	

实训中如果没有该车型，可以参考凌志400空气悬架系统传感器的检查与更换方案，并查阅该实训车型的维修手册，制定该车型空气悬架系统传感器的检查与更换实施方案，如表6－9所示。

表 6-9　空气悬架系统传感器的检查与更换方案表

	________乘用车空气悬架系统传感器的检查与更换方案	
车辆信息描述	车辆描述	
	故障现象	
设备/工具/耗材要求		
安全要求及注意事项		
工作步骤		

三、实施

依据制定的方案实施，并填写项目单，如表 6-10 所示。

表 6-10　实训结果项目表

传感器	图示	检测步骤	记录
前高度传感器			
后高度传感器			
前加速度传感器	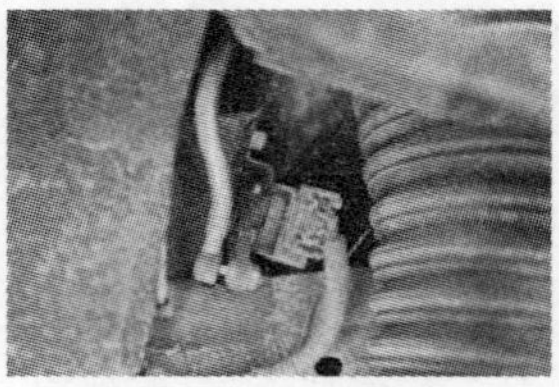		

续　表

传感器	图示	检测步骤	记录
后加速度传感器			
车速传感器			
节气门位置传感器			
转角传感器	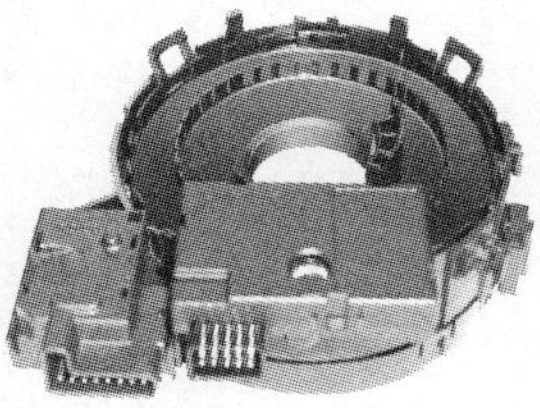		

四、作业

1. 电控悬架的传感器有哪些？各有何作用？

2. 自行查阅资料，找出加速传感器的其他类型，以及应用在汽车哪些系统里？

项目3　空气悬架系统空气供给装置与气动装置的检修

一、知识链接

空气悬架系统空气供给装置与气动装置主要包括压缩机总成、储气罐、空气管路、前后高度控制电磁阀等组成，如图 6－35 所示。主要的作用是将空气压缩成高压气体，通过空气管路供给空气悬架的空气弹簧，实现汽车车身高度控制。

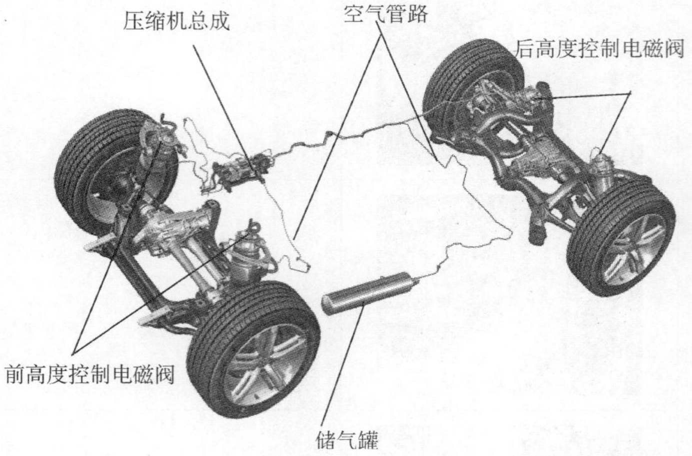

图 6－35　空气悬架系统空气供给装置与气动装置组成

1. 空气压缩机

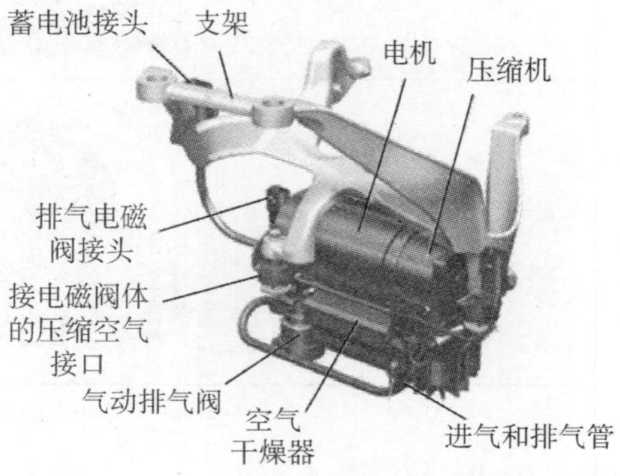

图 6－36　空气压缩机组成

空气压缩机总成包括压缩机、排气电磁阀、干燥器、电动机等，如图 6－36 所示。空气压缩机用来产生调节车身高度所需的压缩空气。空气压缩机采用单缸活塞连杆式结构，由直流电机驱动。

1）空气压缩机工作过程

悬架 ECU 通过控制 1 号高度控制继电器来控制空气压缩机。当车内乘员人数或汽车载荷增加时，车身高度降低，悬架 ECU 控制 1 号高度控制继电器，起动空气压缩机，并打开高度控制电磁阀，给空气弹簧主气室充气，使车身高度升高；当车内乘员人数或汽车载荷减少时，车身高度会上升，这时悬架 ECU 打开高度控制电磁阀和排气电磁阀，使空气弹簧主气室内的空气排出，从而使车身下降。此外，悬架 ECU 通过测量 RM^+ 和 RM^- 端子的电压来判断电机的运行状态，并在检测到异常情况时中止高度控制。空气压缩机的工作过程如图 6－37 所示。

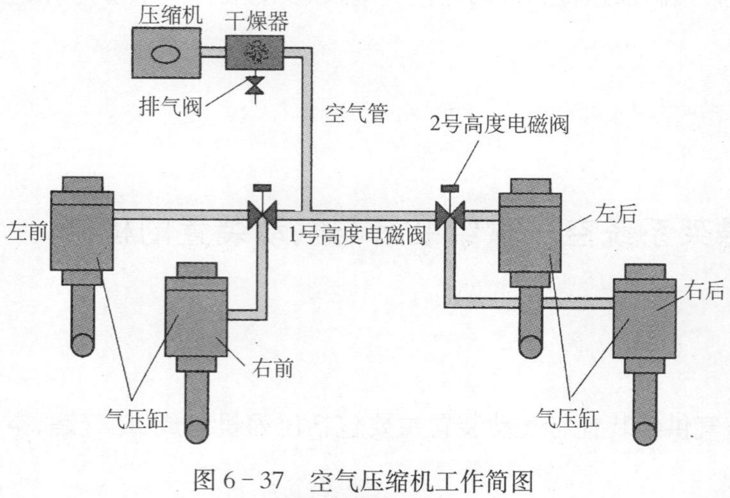

图 6－37　空气压缩机工作简图

2）空气压缩机的检查

（1）顶起汽车，拔下减振器上的空气管并连接压力表。

（2）在压缩机插接器 a 端子和 b 端子之间施加 12 V 电压，如图 6－38 所示。使空气压缩机转动，关闭压力表上的截止阀，检查压缩机输出压力应为 1 MPa～1.3 MPa。

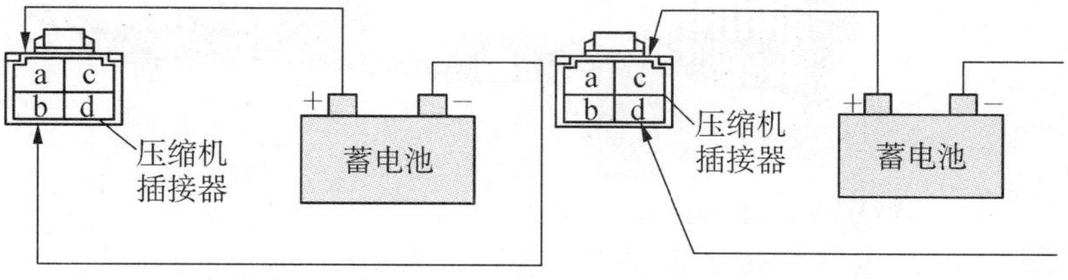

(a) 在a和b端子之间施加12 V电压　　(b) 在c和d端子之间施加12 V电压

图 6－38　空气压缩机的检查示意图

（3）使压缩机停止转动并保持上述压力不变，在压缩机插接器 c 端予和 d 端子之间施加 12 V 电压，检查排气阀是否打开，压力是否逐渐下降，压力表最终压力应为 19.3 kPa～758 kPa，如果系统压力不符合要求，则应修理或更换空气压缩机。

3）空气压缩机继电器

（1）从发动机舱内的继电器盒上拆下压缩机继电器，在继电器 b 端子和 a 端子之间施加 12 V 电压，检查继电器 c 和 d 之间应接通。

（2）撤掉继电器 b 端子和 a 端子之间的电压，继电器 c 和 d 之间应断开，如图 6－39 所示。

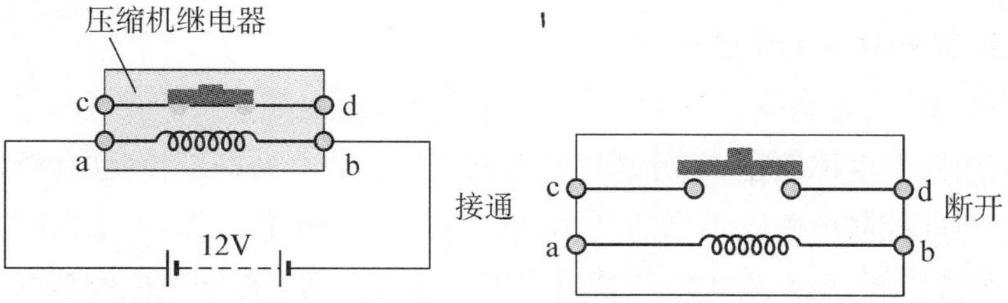

(a) 继电器接通　　(b) 继电器断开

图 6－39　空气压缩机继电器的检查示意图

（3）如果不符合上述要求，则应更换压缩机继电器。

4）干燥器

干燥器的作用是去除压缩空气中的水分。

干燥器结构如图 6－40 所示。干燥器内填充有硅胶做干燥剂，所吸收的水分在排气电磁阀打开时排走，所以硅胶干燥剂无需更换。空气悬架系统维修时，若需拆卸干燥器，必须密封好空气管道接口，以延长硅胶的使用寿命。

5）排气电磁阀

排气电磁阀的作用是将空气弹簧内的压缩空气排出到大气，同时还将干燥器中的水分带走。排气电磁阀由悬架 ECU 控制，当收到来自悬架 ECU 的 SLEX 端子的降低汽车高度的信号时，排气电磁阀打开，将压缩空气从空气弹簧排到大气中去。

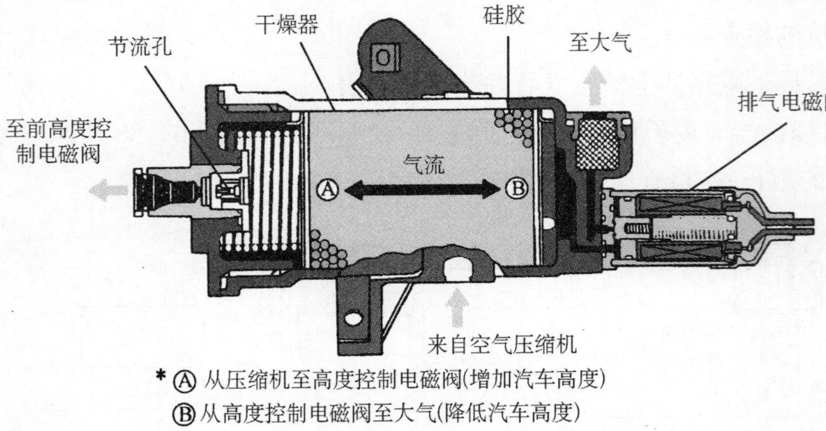

图 6－40　干燥器和排气电磁阀

检查排气电磁阀时，首先将点火开关置于“ON”，用导线将安装在行李箱中的高度控制连接器 1 和 7 号端子(查阅该车维修资料)短接，接通压缩机控制电路，迫使其工作。待压缩机工作一段时间后，溢流阀处应有空气放出，否则应检修或更换溢流阀。

强迫压缩机工作，以检查溢流阀的动作情况。此时，悬架 ECU 会记录一个故障码。因此，完成检查后应将故障码按程序清除。

注意：除干燥器外，压缩机和排气电磁阀均不可维修，只能进行总成更换。

2. 前、后高度控制电磁阀

1）前、后高度控制电磁阀工作过程

高度控制电磁阀的作用是根据悬架 ECU 的控制信号控制空气悬架的充气和排气。前高度控制电磁阀用于前悬架，它由两个电磁阀组成，分别控制左右空气弹簧。后高度控制电磁阀用于后悬架，也是由两个电磁阀组成，与前控制电磁阀不同的是，两个电磁阀不是单独工作，而是同时工作。后高度控制电磁阀中还装有一个减压阀，用来防止空气管道内压力过高。高度控制电磁阀如图 6－41 所示。

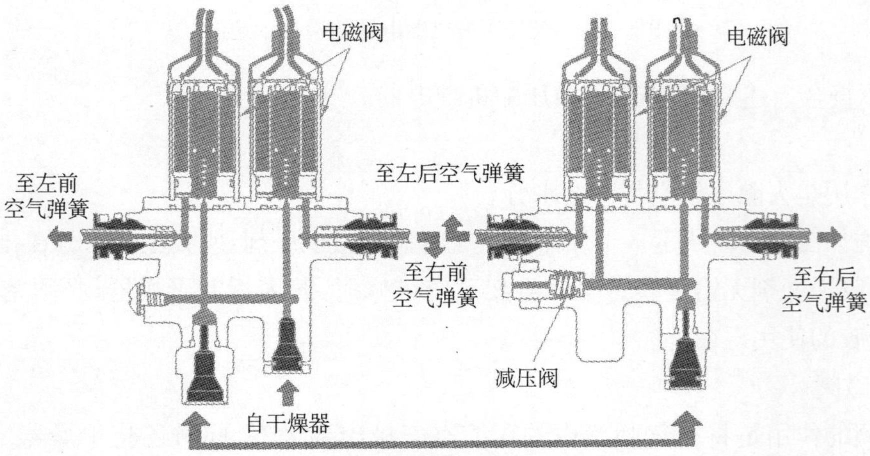

图 6－41　高度控制电磁阀

2）高度控制电磁阀检查

高度控制电磁阀的电路，如图 6－42 所示。如果悬架 ECU 从 SLFR 端子流出电流，则相应的电磁阀打开，车辆左前侧高度升高或降低；如果悬架ECU让电流从SLRR和SLRL端子流出，则后高度控制电磁阀的两个电磁阀均打开，车辆后侧高度升高或降低。

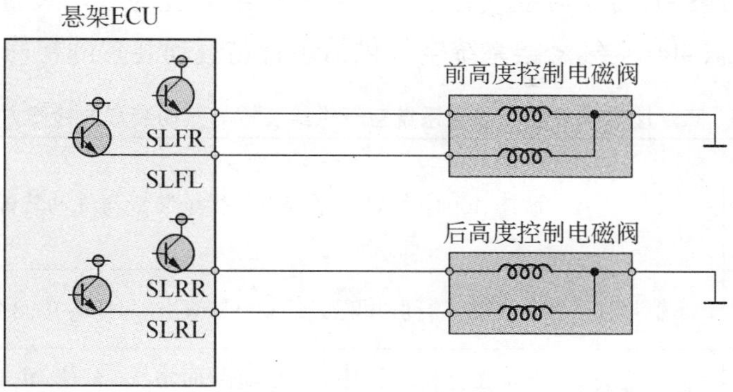

图6－42　高度控制电磁阀电路

3）减压阀检查

强迫压缩机工作以检查减压阀的动作，方法如下：

(1) 将点火开关转到ON位置，连接高度控制连接器的端子3和6(查阅该车维修资料)，使压缩机工作。

注意：连接时间不能超过15 s。

(2) 压缩机工作一段时间后，检查减压阀应有空气逸出。

(3) 将点火开关转至OFF位置。

(4) 清除故障代码。

3. 储气罐和空气管路

储气罐主要作用将压缩机输出的压缩空气储存起来。空气管路将压缩空气输送到空气弹簧，使车身实现高度调节，管路漏气将直接影响悬架正常的调节功能。

1）漏气检查

起动发动机，将手动高度控制开关拨到高位置，使车身升高；待车身升高后，关闭点火开关，在储气罐和压缩空气的接头处涂上肥皂水，检查有无漏气，如图6－43所示。

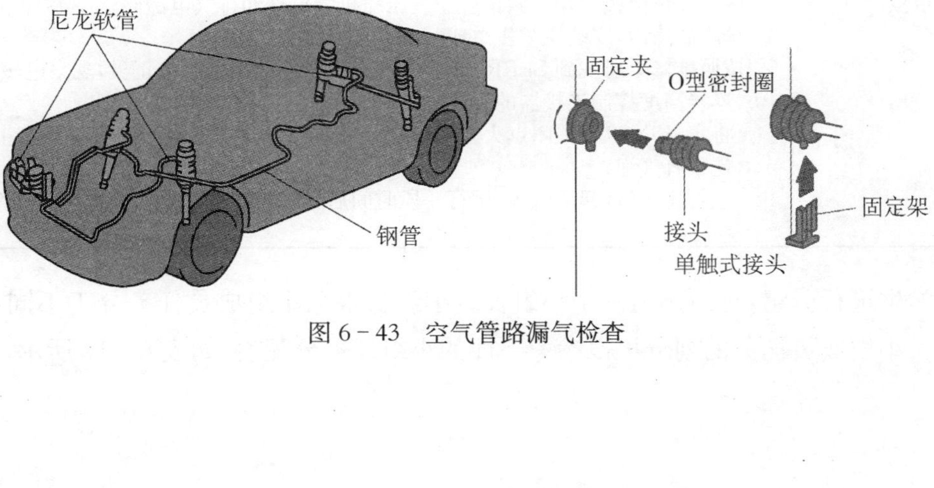

图6－43　空气管路漏气检查

二、制定方案

根据情境导入中的案例，需要对空气悬架系统空气供给装置与气动装置进行检修，教师在组织教学的过程中，制定凌志 400 空气悬架系统空气供给装置与气动装置的检修方案，如表 6 - 11 所示。

表 6 - 11　凌志 400 空气悬架系统空气供给装置与气动装置的检修方案表

	凌志 400 空气悬架系统空气供给装置与气动装置的检修方案	
车辆信息描述	车辆描述	凌志 400，行驶里程：160 000 km，出厂时间：1998 年 6 月
	故障现象	该车在行驶过程中，不能随路面情况、车速、负载的变化而正常上升或者下降
设备/工具/耗材要求	设备：实车、凌志 400 空气悬架系统实训台、元征 431 型解码仪、12 V 蓄电池； 工具：24 件套工具、导线、维修手册 耗材：抹布，肥皂水	
安全要求及注意事项	1. 安全要求： (1) 严格按照维修手册要求的流程进行操作； (2) 对特殊零部件的拆解要使用专用工具； (3) 听从老师管理，禁止随意操作实训车辆、设备等； (4) 安全操作，禁止明火； (5) 注意劳动保护。 2. 操作注意事项 (1) 正确使用工具； (2) 操作必须在老师的指导下进行； (3) 正确操作举升设备； (4) 拆卸空气压缩机时车辆必须要熄火，且要断开蓄电池负极	
工作步骤	1. 车辆驶入工位； 2. 将车辆停驻在举升机平台上； 3. 拉紧制动器，并将变速器置于空挡位置； 4. 安装翼子板护垫； 5. 起汽车，拔下减振器上的空气管并连接压力表。检查工作压力若不合格将其拆下； 6. 拆卸压缩机总成； 7. 按照知识链接操作步骤检查空气压缩机继电器和排气电磁阀； 8. 排除故障后，安装压缩机总成； 9. 按照维修手册找到 SLRR 和 SLRL 端子，分别接上蓄电池正极，观察电磁阀工作情况； 10. 连接高度控制连接器的端子 3 和 6，检查减压阀的工作情况。 11. 将车身升高后，关闭点火开关，在储气罐，各个空气管路的接头处处涂上肥皂水，观察是否有气泡； 12. 检查完毕后，起动汽车，运行一段时间后，连接解码仪，读取故障码并清除	

教师对学生进行分组，每组选出一个小组长。小组长根据小组成员任务分工不同，确定不同任务的责任人。小组成员任务的划分可以参考下面的小组任务分配表，如表 6 - 12 所示。

表6－12　小组任务分配表

	小组任务	个人职责(任务)	小组成员
1	任务前期准备工作	准备该任务的设备、工具、耗材	
2	安全检查	主要负责工具设备使用情况和操作工作的安全监督	
3	拆卸压缩机	负责拆卸压缩机	
4	空气压缩机检查	负责检查压缩机工作压力、排气电磁阀和继电器	
5	高度电磁阀检查	负责检查高度电磁阀和减压阀	
6	检查空气管路	负责检查空气管路接头、储气罐	
7	读取故障码和清除故障码	负责读取故障码和清除故障码	
8	竣工检查工作	检查所有的设备器材是否齐全	

实训中如果没有该车型，可以参考凌志400空气悬架系统空气供给装置与气动装置的检修方案，并查阅该实训车型的维修手册，制定该车型空气悬架系统空气供给装置与气动装置的检修实施方案，如表6－13所示。

表6－13　空气悬架系统空气供给装置与气动装置的检修方案表

	________乘用车空气悬架系统空气供给装置与气动装置的检修方案	
车辆信息描述	车辆描述	
	故障现象	
设备/工具/耗材要求		
安全要求及注意事项		
工作步骤		

三、实施

依据制定方案实施，并填写项目单，如表6－14所示。

表 6-14 实训结果项目表

项目	检查结果	处理方法
拆卸压缩机		
空气压缩机检查		
高度电磁阀检查		
检查空气管路		
读取故障码和清除故障码		
压缩机更换	管路接口是否安装到位	是□/否□
	压缩机是否固定到位	是□/否□
	插接器是否安装到位	是□/否□

四、作业

1. 凌志 400 电控悬架的空气供给系统一般检查项目有哪些？如何进行检查？

2. 空气供给系统检修完毕，可否如果不读取故障码？为什么？

项目 4　空气悬架系统的空气弹簧检修

一、知识链接

1. 空气弹簧简单原理

空气弹簧是在一个密封的气囊中充入压缩气体，利用气体的可压缩性实现其弹簧作用的；空气弹簧的刚度和高度是可变的，作用在弹簧上的载荷增加时，传感器接收到信号，ECU 控制执行器向空气弹簧内充入气体，气压升高，则空气弹簧的长度变大（车身升高），刚度增大（弹簧变硬）；反之，当载荷减少时，弹簧内的气压下降，空气弹簧的长度变小（车身降低），刚度减小（弹簧变软）。

2. 空气弹簧安装位置

空气弹簧安装在可变阻尼减振器的上端，与减振器一起构成悬架支柱，上端与车架相连，下端安装在悬架摆臂上，如图 6-44 所示。

3. 结构组成

空气悬架系统的空气弹簧结构，如图 6-45 所示。空气悬架的空气弹簧由空气室和空气阀两部

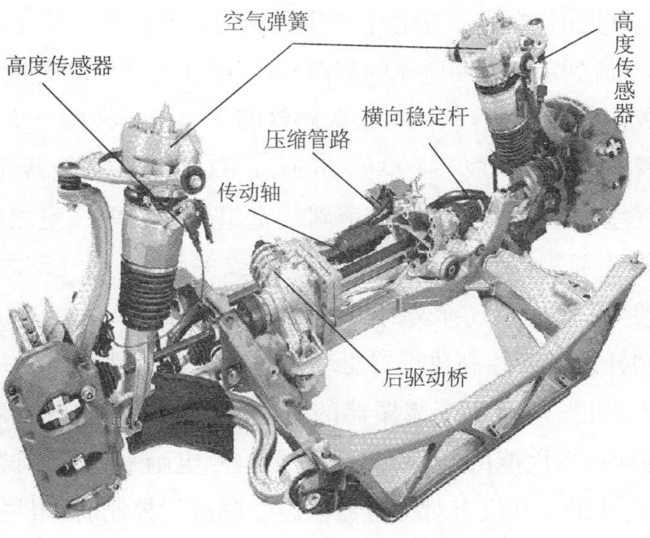

图 6-44　空气弹簧安装位置

分组成,空气室分为主气室和副气室。最上端是悬架控制执行器,中间是减振器阻尼调整杆和减振器,下端是卷动膜片。

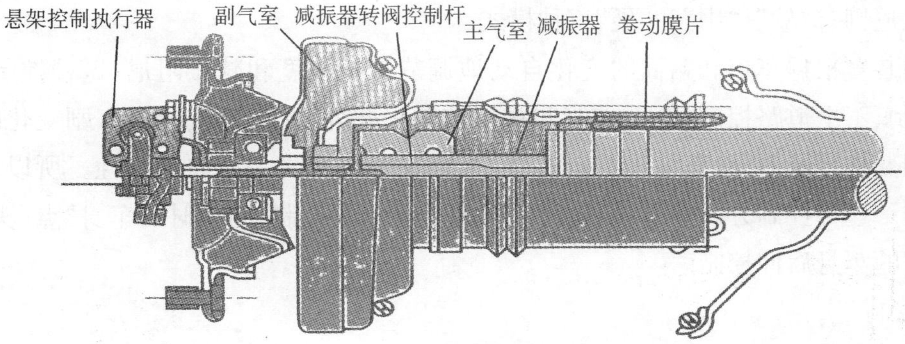

图 6-45　空气弹簧的组成

(1) 悬架控制执行器装在各空气弹簧和可变阻尼减振器的上方,控制执行器是一个有3步动作的电磁阀。执行器由电磁力驱动,能够精确地对频繁变化的行驶工况作出快速响应。电磁阀由个定于绕组(铁芯和线圈)和永久磁铁转子组成,如图6-46所示。

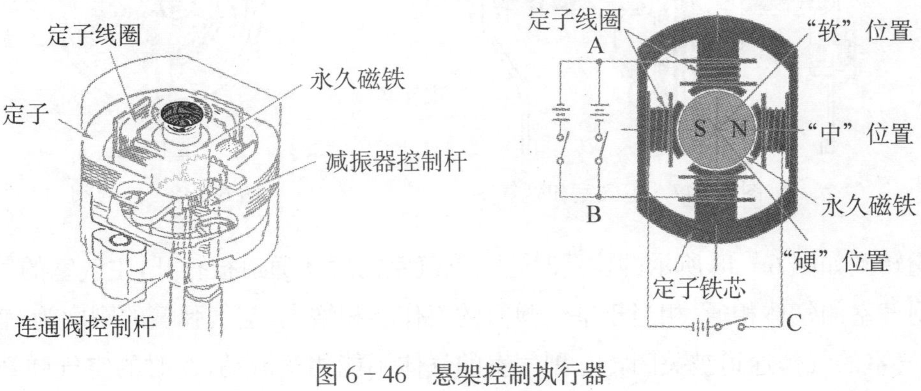

图 6-46　悬架控制执行器

电流流到定于绕组的线圈时，在定子铁芯中产生电磁力。流到两个定子线圈的电流由悬架 ECU 调节。悬架 ECU 通过控制流到定于线圈电流的流向，可以改变定子铁芯的极性，即从 N 极变到 S 极，或从 S 极变为 N 极，又或是变为非极性状态。永久磁铁转子由定子线圈产生的磁力而转动。永久磁铁转子与空气弹簧的连通阀控制杆连成一个整体，并通过一对齿轮与减振器的转阀控制杆联动。

(2) 空气弹簧的空气室由一个主气室和一个副气室组成，主、副气室之间由连通阀相连。连通阀由悬架控制执行器通过连通阀控制杆来控制，以连通或关闭主、副气室之间的空气通道，使空气弹簧的有效工作容积改变，从而使空气弹簧的刚度发生变化。

(3) 减振器转阀控制杆由悬架控制执行器驱动控制杆，与控制杆连成一体的转阀上有两组节流孔，活塞杆上也有两个节流孔。从而改变减振器的阻尼力。可以通过改变悬架控制执行器控制减振器的电流大小，来检测减振器性能的好坏。一般需要检测电脑来进行测试。在执行器电磁线圈通过电流时，阻尼力是慢慢变小的。在没有对执行器电磁线圈进行控制时，阻尼力是最大的。目的是在紧急情况下时，如果无法给电磁线圈通电的，将阻尼力调至最大，从而可保证动态行驶的稳定性。

4. 悬架控制原理

弹簧刚度和减振器减振阻尼力均由悬架控制执行器控制。弹簧刚度有“软”和“硬”两种模式，减振器减振阻尼则有“软”、“中”和“硬”三种模式。

电子控制装置根据车速和路面的变化自动地调节悬架刚度和减振阻尼，这种控制方式共有四种：高车速控制、不平道路控制、颠动控制和跳振控制。此外，在车速或转向急剧变化时，会造成车身姿态的急剧变化，既破坏汽车乘坐的舒适性，又容易使汽车失去方向稳定性。所以，必须对车身姿态实施控制。这种控制方式共有三种：转向时的车身侧倾控制、制动时的车身“点”头控制和起步或突然加速时的车身后仰控制。

1) 刚度控制

空气弹簧主要由一个主气室和一个副气室组成，如图 6－47 所示。

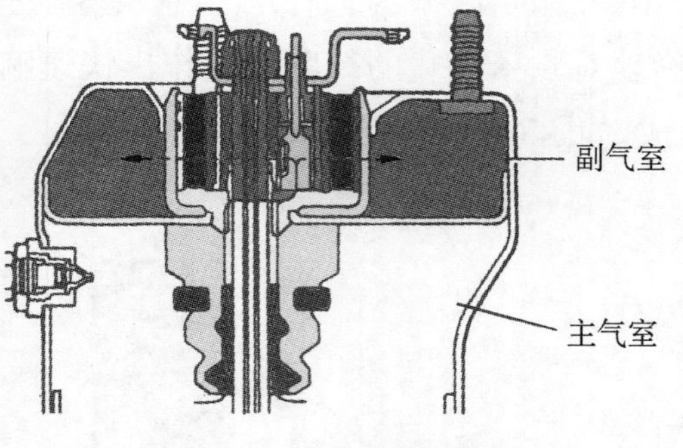

图 6－47　主气室和副气室

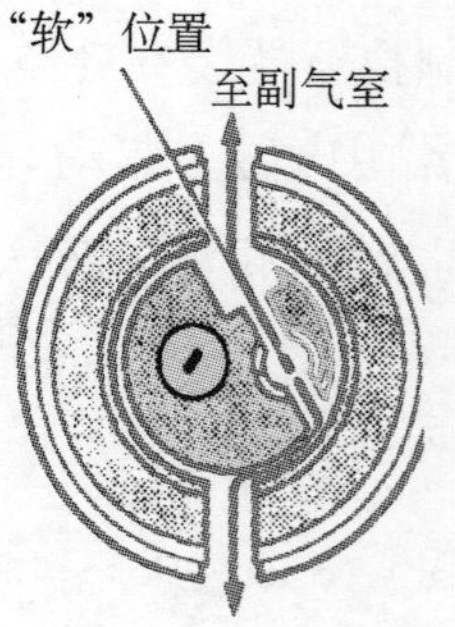

图 6－48　连通阀

当连通阀转到如图 6－48 所示的位置时，主、副气室的气体通道被打开，主气室的气体经连通阀的中间孔与副气室的气体相通，相当于空气弹簧的工作容积增大，空气弹簧的刚度为“软”。

当主、副气室的气体通道被关闭，主、副气室的气体不能相互流动，此时的空气弹簧只有主气室的气体参加工作，空气弹簧刚度为“硬”。

2）阻尼控制

可调阻尼式减振器阻尼力的改变是由流过活塞节流孔油量的变化来实现的，而油量的变化是靠改变活塞节流孔的大小来实现。悬架控制执行器驱动控制杆，使转阀在活塞杆内转动，从而打开或关闭这些节流孔，使通过这些节流孔的油液量发生变化，以此来控制减振器的减振阻尼，如图 6－49 所示。节流孔 A 和 B 开合的不同组合，可得到减振器减振阻尼力的 3 级变化。

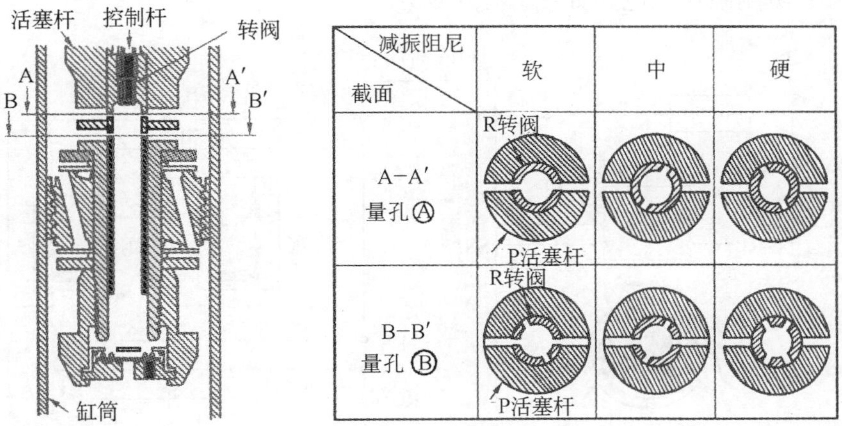

图 6－49　阻尼控制原理

可调式减振器减振阻尼力变化状态如下：

(1) 减振阻尼力为“软”：节流孔 A 和 B 均打开；

(2) 减振阻尼力为“中”：节流孔 A 关闭，节流孔 B 打开；

(3) 减振阻尼力为“硬”：节流孔 A 和 B 均关闭。

3）车身高度控制

悬架空气弹簧高度的改变是根据压缩空气通过空气阀由主气室进入副气室空气量的改变来调节的，当悬架 ECU 检测到汽车高度变化时，就向 1 号高度控制继电器、排气电磁阀、前、后高度控制电磁阀输出或切断电流，从而通过改变其空气量来控制车身高度。

当需要升高车身时，由空气压缩机来的空气经高度控制电磁阀向空气弹簧的主气室充气，使空气弹簧伸张，从而使车身高度增加；当需要降低车身高度时，空气弹簧主气室的空气经排气电磁阀排出到大气，使空气弹簧收缩，降低车身高度。工作原理如图 6－50 所示。

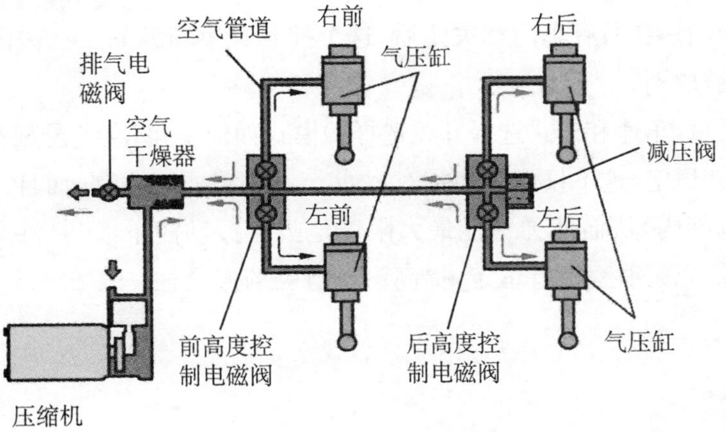

图 6－50　车身高度控制原理

4）防侧倾控制

防侧倾控制可在转弯中或在S形弯路上抑制车辆的侧倾。根据车速和转弯角度，悬架ECU使电流从FS+和RS+端子流出，从而将悬架执行器设置在“硬”的位置。在转向盘恢复至正向前位退约2秒后，悬架ECU取消这一控制，让电流从FS－和RS－端子流出，使执行器恢复至原来的减振阻尼力和弹簧刚度。如果转向盘连续沿左右两个方向来回转动，或转动得比正常转弯大时，则这一控制的时间延长。防侧倾控制电路如图6－51所示。

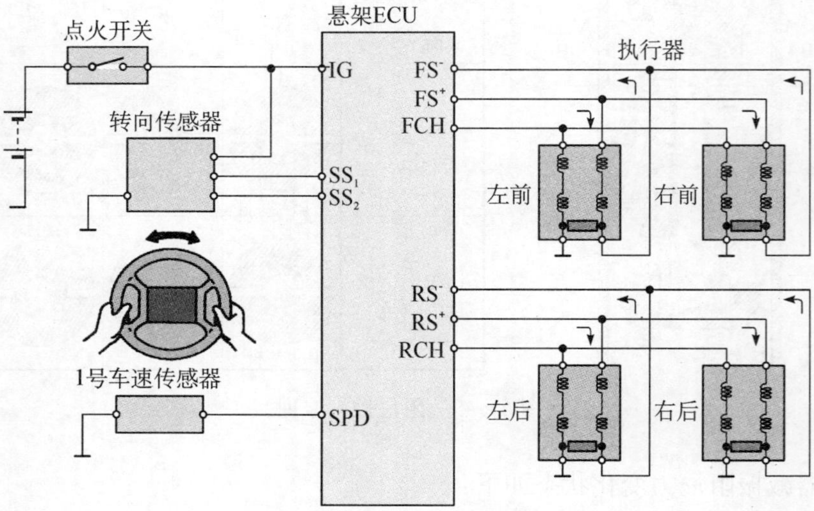

图6－51　防侧倾控制电路

5）高车速控制

当汽车高速行驶时，高车速控制令车身自动降低高度，从而提高汽车高速行驶的稳定性，并减少空气阻力。当车速超过140 km/h时，即使高度控制开关设置在“HIGH”的位置，车身高度仍会降至“NORM”（常规）位置，且仪表板上的“NORM”指示灯点亮。当车速降至120 km/h以下时，高车速控制便自动取消，车身恢复至原来高度。

6）关闭点火开关控制

当汽车停下或乘员需要上、下车时，通过关闭点火开关，本控制可自动降低车身高度，从而改善汽车驻车姿势，方便乘员出入。

本控制在关闭点火开关约3 min后才能使用。但如果有任一个车门打开，悬架ECU就判断有人下车而中断这个控制。在所有车门都关闭后，这个控制又重新开始。在关闭点火开关约30 min后，这个控制无条件被取消。

不管车内装载质量，车速和模式选择开关选择的模式如何变化，空气悬架都能根据需要自动控制车身高度，使其保持恒定，这不仅可避免汽车底盘与不平路面相碰刮，而且由于减振弹簧的有效变形被限制在一定范围内，从而使弹簧能最大限度地吸收振动能量，改善汽车乘坐的舒适性。此外，还能使汽车前大灯光束射程保持恒定，提高汽车行驶的安全性。表6－15是车身高度控制的3种模式示意图。

表 6－15 车身高度控制模式示意

选择模式	车辆水平位置
“自动”模式： 基本水平（±0 mm） 高速路水平（－25 mm）	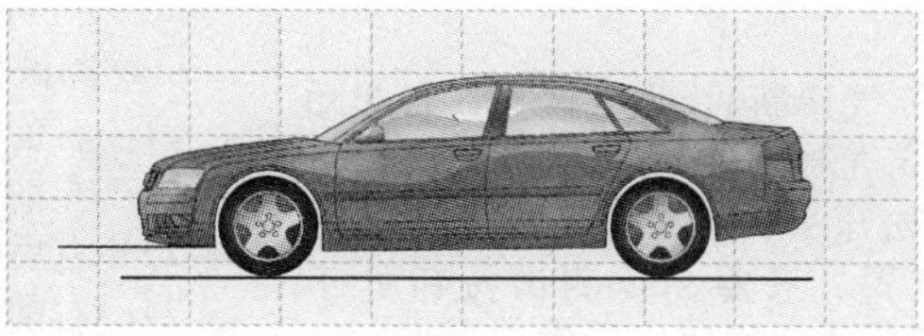
“升高”模式： 基本水平（±0 mm） 高度水平（＋25 mm）	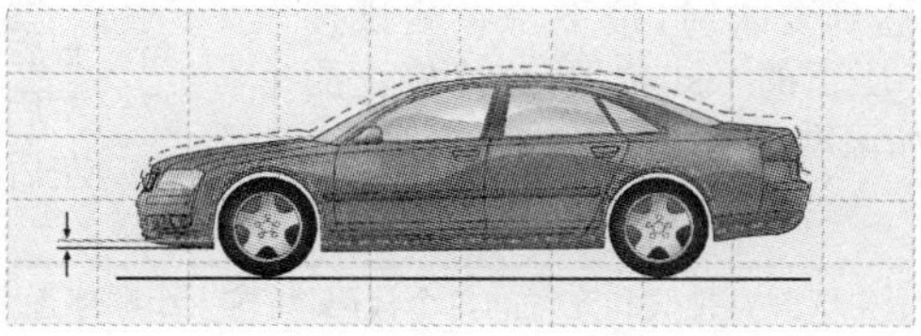
“运动”模式： 基本水平（－20 mm） 高速路水平（－25 mm）	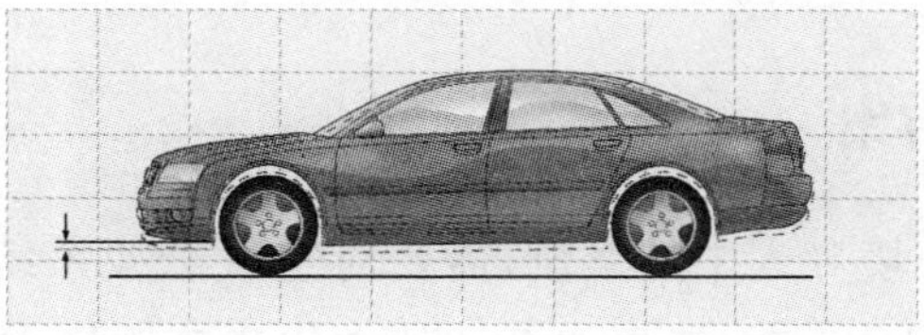

5. 空气弹簧的检修

1）外观检查

首先检查空气弹簧表面有无油污，龟裂，破损等问题。如果怀疑空气弹簧漏气，应向空气弹簧中施加 489 kPa 的压缩空气，将空气弹簧表面涂抹肥皂水，如有气泡，表明空气弹簧漏气，应予以更换。

2）空气弹簧充气诊断

弹簧充气诊断是一个功能性测试，目的是检测每一个空气弹簧在 ECU 的控制下能否正常充气和排气。弹簧充气诊断允许对单个空气弹簧进行排气，充气和进行个别测试。弹簧的诊断与维修过程因汽车的不同而异。应根据汽车制造商的检修手册中弹簧充气诊断所推荐的步骤进行。对于凌志 400 车型推荐使用 star 2 型诊断仪进行操作，如表 6－16 所示。

表 6－16 弹簧充气诊断步骤

测试步骤	结果	措施
弹簧充气诊断，需执行下列步骤： 1. 检测仪电池充电器与汽车连接起来，并在显示过程中保持连接； 2. 松开 star 的测试按钮，使它处于弹起的 hold 位置； 3. 把空气悬架 on/off 开关转到 off 位置后再拨回 on 位置 4. 确认点火开关位于 off 位置并等待 10 s 再转到 on/off 位置 5 s 后松开制动踏板； 5. 关闭大灯，加热风扇等 6. 等待至少 5 s 后按下 star 测试按钮	在 20 s 内 star 测试仪持续显示下列代码之一：21—28	点火开关转到 off 位置

续 表

测试步骤	结果	措施
已进入弹簧充气诊断后，为了选择或者起动所需的弹簧充气测试，在所需的故障码显示至少 5 s 后，松开 star 测试按钮，使它处于弹起的 hold 位置。只要 star 测试按钮处于 hold 位置，所选的功能便持续作用。当充气量或排气量达到要求时，按下 star 测试按钮，使它处于压下的 test 位置，这将停止测试并再次开始滚动显示测试码	star 测试仪显示下列代码： 21—右前空气弹簧排气 22—左前空气弹簧排气 23—右后空气弹簧排气 24—右前空气弹簧充气 25—左前空气弹簧充气 26—右后空气弹簧充气 27—左后空气弹簧排气 28—左后空气弹簧充气	点火开关转到 off 位置

注：汽车每个空气弹簧排气和充气的每个代码，将按大小顺序逐个显示。最大的代码显示之后，代码列表将重复显示。只要“star”测试按钮处于压下的“test”位置，这种滚动显示方式，就会持续下去。

二、制定方案

根据情境导入中的案例，需要对空气悬架系统的空气弹簧进行检修。教师在组织教学的过程中，制定凌志 400 空气悬架系统的空气弹簧检修方案，如表 6 - 17 所示。

表 6 - 17　凌志 400 空气悬架系统的空气弹簧检修方案表

<table>
<tr><td></td><td colspan="2">凌志 400 空气悬架系统的空气弹簧检修方案</td></tr>
<tr><td rowspan="2">车辆信息描述</td><td>车辆描述</td><td>凌志 400，行驶里程：160 000 km，出厂时间：1998 年 6 月</td></tr>
<tr><td>故障现象</td><td>该车在行驶过程中，不能随路面情况、车速、负载的变化而正常上升或者下降</td></tr>
<tr><td>设备/工具/耗材要求</td><td colspan="2">设备：实车、凌志 400 空气悬架系统实训台架、star 2 型检测仪、12 V 蓄电池；
工具：24 件套工具、导线、维修手册；
耗材：抹布、肥皂水</td></tr>
<tr><td>安全要求及注意事项</td><td colspan="2">1. 安全要求：
（1）严格按照维修手册要求的流程进行操作；
（2）对特殊零部件的拆解要使用专用工具；
（3）听从老师管理，禁止随意操作实训车辆、设备等；
（4）安全操作，禁止明火；
（5）注意劳动保护。
2. 操作注意事项：
（1）正确使用工具；
（2）操作必须在老师的指导下进行；
（3）正确操作举升设备；
（4）拆卸空气弹簧时车辆必须要熄火，且要断开蓄电池负极</td></tr>
</table>

续　表

	凌志400空气悬架系统的空气弹簧检修方案
工作步骤	1. 车辆驶入工位； 2. 将车辆停驻在举升机平台上； 3. 拉紧制动器，并将变速器置于空挡位置； 4. 安装翼子板护垫； 5. 升起汽车，进行空气弹簧外观检查，查看是否有龟裂，破损等问题出现； 6. 关闭点火开关，向空气弹簧内中施加489 kPa的压缩空气，将空气弹簧表面及管路接口处涂上肥皂水，如有气泡，表明已经漏气，应予以更换； 7. 按照知识链接操作步骤，使用诊断仪进行空气弹簧充排气自诊断； 8. 检查完毕后，起动汽车，运行一段时间后，连接解码仪，读取故障码并清除

教师对学生进行分组，每组选出一个小组长。小组长根据小组成员任务分工不同，确定不同任务的责任人。小组成员任务的划分可以参考下面的小组任务分配表，如表6-18所示。

表6-18　小组任务分配表

	小组任务	个人职责(任务)	小组成员
1	任务前期准备工作	准备该任务的设备、工具、耗材	
2	安全检查	主要负责工具设备使用情况和操作工作的安全监督	
3	检查空气弹簧外观	负责检查空气弹簧外观	
4	更换空气弹簧	负责空气弹簧拆卸和更换	
5	检查空气弹簧充气情况	负责按照操作步骤检查空气弹簧充气情况	
6	读取故障码和清除故障码	负责读取故障码和清除故障码	
7	竣工检查工作	检查所有的设备器材是否齐全	

实训中如果没有该车型，可以参考凌志400空气悬架系统的空气弹簧检修方案，并查阅该实训车型的维修手册，制定该车型空气悬架系统的空气弹簧的检修实施方案，如表6-19所示。

表6-19　空气悬架系统的空气弹簧检修方案表

	________乘用车空气悬架系统的空气弹簧检修方案	
车辆信息描述	车辆描述	
	故障现象	
设备/工具/耗材要求		

续表

	______乘用车空气悬架系统的空气弹簧检修方案
安全要求及注意事项	
工作步骤	

三、实施

依据制定的方案实施，并填写项目单，如表 6－20 所示。

表 6－20　实训结果项目单

项目	检查结果	处理方法
空气弹簧外观检查	裂纹□ 破损□ 漏气□	
空气弹簧充气诊断	左后空气弹簧充气　□	左后空气弹簧排气　□
	右前空气弹簧充气　□	右前空气弹簧排气　□
	右后空气弹簧排气　□	右前空气弹簧充气　□
	左前空气弹簧排气　□	左前空气弹簧充气　□
空气弹簧拆卸和更换	管路接口是否安装到位	是□/否□
	空气弹簧是否固定到位	是□/否□
	插接器是否安装到位	是□/否□
读取故障码和清除故障码		

四、作业

1. 空气弹簧实现车身高度调节的基本原理是什么？

2. 凌志 LS400 乘用车电控悬架的空气弹簧一般检查项目有哪些？如何进行检查？

检查与评估

1. 学生自我检查

学生通过对本任务的学习，独立结合实训车辆填写学习情况检查表(表6-21—表6-23)，以检测自己对本任务学习的掌握情况。

表6-21　学习情况检查表(一)

空气悬架传感器检查	传感器名称	
	外观检查	
	仪器检查	
	试车并读取和清除故障码	

表6-22　学习情况检查表(二)

空气悬架系统空气供给装置与气动装置的检修			
部件名称	检查项目	是否存在问题	处理方法
空气压缩机总成			
空气管路			

表 6-23　学习情况检查表(三)

空气悬架系统空气弹簧的检修			
部件名称	检查项目	是否存在问题	处理方法
空气弹簧外观检查		是□　否□	
		是□　否□	
空气弹簧充气排气检查		是□　否□	
		是□　否□	
		是□　否□	
		是□　否□	
更换空气弹簧步骤			

2. 指导教师评估

指导老师在整个教学过程中，关注每个活动小组的工作过程以及小组成员的动手能力，并对小组成员的动手能力进行考核，填入表 6-24。

表 6-24　指导教师评估表

	考核量化指标	分值(总分)	学生得分
1	能时刻注意保护操作部件安全	5	
2	能时刻注意自我的人身保护	5	
3	使用工具熟练程度	5	
4	能够积极完成本职工作	10	
5	能够根据方案正确使用检测仪器	10	
6	能够完成故障码和数据流的读取	15	
7	能够完成空气悬架系统传感器的检查	15	
8	能够完成悬架空气供给装置的检查	15	
9	能够更换空气弹簧检查	10	
10	能够完成实训结果项目表与学习情况检查表的填写	10	
总计			